哈佛商务指南系列①

创业者百宝箱

——开创和发展新企业的工具与技巧

哈佛商学院出版公司 编

周松涛 译

商 务 印 书 馆

2012 年 · 北京

Entrepreneur's Toolkit:

Tools and Techniques to Launch and Grow Your New Business

图书在版编目(CIP)数据

创业者百宝箱——开创和发展新企业的工具与技巧/哈佛商学院出版公司编;周松涛译.—北京:商务印书馆,2007.3(2012.6重印)
(哈佛商务指南系列)
ISBN 978-7-100-05129-3

Ⅰ.创… Ⅱ.①哈…②周… Ⅲ.企业管理 Ⅳ.F270

中国版本图书馆CIP数据核字(2006)第078762号

创业者百宝箱
——开创和发展新企业的工具与技巧
哈佛商学院出版公司 编
周松涛 译

商 务 印 书 馆 出 版
(北京王府井大街36号 邮政编码 100710)
商 务 印 书 馆 发 行
北京瑞古冠中印刷厂印刷
ISBN 978-7-100-05129-3

2007年3月第1版 开本710×1000 1/16
2012年6月北京第2次印刷 印张19½
印数3 000册

定价:49.00元

致中国读者

哈佛商学院经管图书简体中文版的出版使我十分高兴。2003 年冬天，中国出版界朋友的到访，给我留下十分深刻的印象。当时，我们谈了许多，我向他们全面介绍了哈佛商学院和哈佛商学院出版公司，也安排他们去了我们的课堂。从与他们的交谈中，我了解到中国出版集团旗下的商务印书馆，是一个历史悠久、使命感很强的出版机构。后来，我从我的母亲那里了解到更多的情况。她告诉我，商务印书馆很有名，她在中学、大学里念过的书，大多都是由商务印书馆出版的。联想到与中国出版界朋友们的交流，我对商务印书馆产生了由衷的敬意，并为后来我们达成合作协议、成为战略合作伙伴而深感自豪。

哈佛商学院是一所具有高度使命感的商学院，以培养杰出商界领袖为宗旨。作为哈佛商学院的四大部门之一，哈佛商学院出版公司延续着哈佛商学院的使命，致力于改善管理实践。迄今，我们已出版了大量具有突破性管理理念的图书，我们的许多作者都是世界著名的职业经理人和学者，这些图书在美国乃至全球都已产生了重大影响。我相信这些优秀的管理图书，通过商务印书馆的翻译出版，也会服务于中国的职业经理人和中国的管理实践。

20 多年前，我结束了学生生涯，离开哈佛商学院的校园走向社会。哈佛商学院的出版物给了我很多知识和力量，对我的职业生涯产生过许多重要影响。我希望中国的读者也喜欢这些图书，并将从中获取的知识运用于自己的职业发展和管理实践。过去哈佛商学院的出版物曾给了我许多帮助，今天，作为哈佛商学院出版公司的首席执行官，我有一种更强烈的使命感，即出版更多更好的读物，以服务于包括中国读者在内的职业经理人。

在这么短的时间内，翻译出版这一系列图书，不是一件容易的事情。我对所有参与这项翻译出版工作的商务印书馆的工作人员，以及我们的译者，表示诚挚的谢意。没有他们的努力，这一切都是不可能的。

哈佛商学院出版公司总裁兼首席执行官

万季美

创业者百宝箱

目　录

目　录

创业者百宝箱

序言

序 言

“我看到这些机会，然后我抓住这些机会。”这是乔治·华盛顿·普伦基特(George Washington Plunkitt)用来总结他“诚实贪污”的诱人的事业的话。他曾是纽约市腐败的坦慕尼厅政治机器的成员。普伦基特是一个恶棍与骗子，但他简练的一句话给我们提供了企业家的准确实用的定义：企业家是一个发现和利用机会的人。一个世纪以后，威廉·比格雷夫(William Bygrave)，一位学者和企业家艺术实践者，拓展了这个定义，将企业家描述成一个不仅看到机会而且“创建一个组织去利用机会的人”。[1]

比格雷夫定义的后半句必不可少。我们一般理解的机会是由企业家创建的组织去最有效地利用的。例如，托马斯·爱迪生(Thomas Edison)发现了城市电照明的商业机会。多数人知道他通过不懈的实验追逐这个机会，最终制造出实用的白炽灯泡。但是发明只是爱迪生天才的一部分。他还成立了一家公司，将所需的人力与金融资源组织到一起以实施他的商业与住宅照明的设想。爱迪生的这家公司正是今天最大最强企业之一的通用电气公司的前身。

我们观察到一个不断重复的同样的公式：找到机会并通过组织加以利用。例如，1983 年，霍华德·舒尔茨

(Howard Schultz)曾是一家位于西雅图的名叫星巴克的小咖啡馆的零售业务部经理。他在欧洲度假时发现了一个机会。米兰的过滤咖啡馆的流行给他留下了深刻的印象,他相信美国人也会喜欢同样的咖啡馆环境以及一种高品质产品。回国后,他说服老板在自家的星巴克咖啡馆试验过滤咖啡馆的概念。西雅图试验的成功激发舒尔茨于1985年创建了自己的组织——伊尔·吉奥纳尔(Il Giornale)。其后的两年内,伊尔·吉奥纳尔收购了星巴克,采用了星巴克这个名字,然后,利用私人投资者的资金,开始了咖啡迷们的追求。到2003年,星巴克已拥有超过7200家零售店,实现销售额超过40亿美元。

企业家的完整定义必须还要包含另一个因素:风险。在金融世界,风险包含了赢利和亏损的双重可能性。企业家"切身投入"——通常是以时间和个人存款的形式。如果企业运行不好,他或她的时间和来之不易的存款就损失掉了。但是如果一切良好,这个企业家能收获到可观的利润。

经济史中充满了像爱迪生和舒尔茨这样的故事。其中的一个故事是丹·布里克林(Dan Bricklin),他是现在普遍使用的VisiCalc电子表格的发明者和软件艺术公司(Software Arts)的创始人。罗林·金(Rollin King)和赫伯·凯莱赫(Herb Kelleher)看到了短途、低成本的航空旅行的机会,并将这一概念变成西南航空公司。这是一家赚钱最多的美国航空公司。还有不能不提的比尔·盖茨(Bill Gates)。这个年轻的编程奇才乘上汹涌的微电脑大潮,发掘了一座巨大的宝藏。

与每一个历史书和大众出版物所记载的企业相伴的都是成千上万未被认可的其他创业企业，因为这些企业太小或只为一个有限的地区服务：如10辆车规模的洗车服务连锁；一家拥有5个雇员的为家庭办公室或小企业安装和修复计算机系统的公司；一对夫妻拥有和经营两家小饭馆和一辆饮食服务车。这些不起眼的企业家本质上和那些更辉煌的企业家没有不同。在根本上，他们全在做同一件事。他们发现商业机会并通过一个组织以及他们自己的管理与技术才能还有某种人力与金融资本的结合来利用这一机会，参见图1—1。而且，他们承担成功或失败的风险。简言之，那些正是托马斯·爱迪生做的事。也是霍华德·舒尔茨和比尔·盖茨所做的事，也是你周边每一个创业者做的事。如果你渴望成为一个成功的企业家，你也要做同样的事。

有些学者把创业型公司与他们所称的生活方式企业区分开来。生活方式企业是一种营业额和增长预期不大的商业企业。业主只是在简单寻找一个能满足他或家庭经济需要的企业，可以是一家零售店，一家律师事务所，一个养鸡场，或者一个修理家电的商店。没有建立全国特许权业务的期待，也没想要5年后卖给财富500强中的某一家企业大赚一笔。没有一个风险资本家会来拜访。一位叫小威廉·E. 韦策尔（William E. Wetzel Jr.）的作者将生活方式企业描述成5年内预计营业收入不足1,000万美元的企业。以他的观点来看，90%以上的新企业是生活方式企业。[2]

但是尽管预期较小，生活方式企业的创建者符合我们关于企业家的定义：创业者找到机会，创立组织，调动资源利用机会，并且承担风险。因此,生活方式企业家也可使用本书中的大部分资料。

图 1—1

创业过程

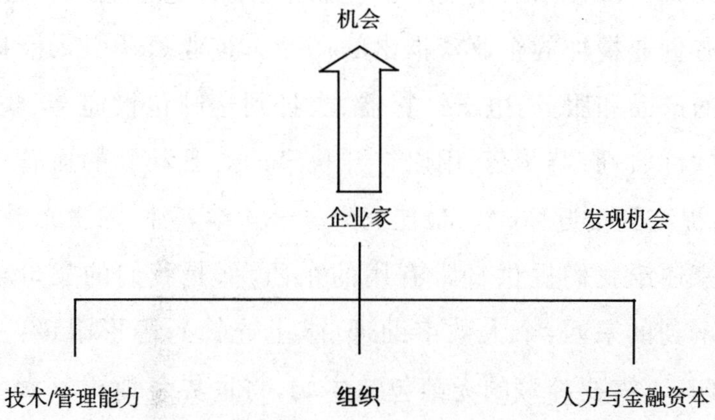

企业家的作用

企业家在所有自由市场社会起着重要的作用。经济学家约瑟夫·熊彼特在 20 世纪 30 年代作过这样的描述,企业家是一股创造性毁灭的力量,他们扫除已有的技术、产品以及做事的方法,代之以一套新的东西,其他市场作为一个整体认为这套新的东西代表着更大的价值。在这种意义上,企业家是变化的代理人,并且可能也是进步的代理人。因此,企业家在 19 世纪中晚期以更亮、更洁净的燃气替代了家用的煤油灯。那些气灯以后被爱迪生的电灯系统所取代，电灯性能更好并且更安全。多年后，出现了荧光灯，替代了很多白炽灯系统。

我们在所有行业不断看到这个模式。企业家发明或以商业化的方式推广替代旧技术的新技术。复制术、个人电脑、新的和改良的药方是有创业精神的企业家推出的产品。企业家还引入能提供全新功能的产品和服务：电子计算器、次日到达邮包投递、互联网、飞机模拟软件、口服避孕药、用以打开狭窄的心脏动脉的血管重建术、将视力提高到接近20/20（最佳视力。——编者注）的激光手术。

企业家还给我们提供日常有用的东西，那是我们的父母或祖父母想象不到的东西：个人数字助理（掌上先锋），隐形眼镜，一小时相片洗印，不需要冷藏的无菌包装牛奶，将世界各地买家卖家汇集到一起的网上拍卖，等等。

重要的是要承认企业家不仅仅是想到新的概念并且发现商业机会。他们向前迈进了一步：组成企业并调动资源来利用机会。这一步将企业家与发明家分开，并给社会以价值和选择。这一步几乎总是非常危险的，因为成功并不是注定的。

一般来讲，企业家为社会做出积极的贡献。他们发现和利用机会以提供以前没有或供给有限的产品和服务。例如，亨利·福特（Henry Ford）的早期企业使曾是富人玩物的汽车走进了普通家庭。企业家还找出和利用一些办法来提供高品质和低成本的产品和服务。这些贡献使自由市场社会富裕并充满活力，而且，使大多数人的生活更有乐趣。企业家扫除停滞的行业，代之以可以创造新的就业机会的增长型行业，新工作的工资收入比停滞行业常常要高得多。

任何怀疑企业家贡献效益的人都应该比较一下二战后的美国与苏联的经历。两个国家有大体相同的人口。两国都有强大的中央政府，丰富的自然资源，很高的教育普及率和技术水平。但是在战后的50年时间，美国在几乎所有的领域超过了它的对手：食品生产，加工，军事力量，住房，技术进步，一般健康与长寿，人均收入，以及产品与服务的可供性、质量和种类。

从大的方面来讲，苏联的失败可归咎于其中央计划经济以及其对私有财产的敌视，两者均抑制了发明与追逐商业机会的动力。相反的是，美国经济没有计划。美国文化尊重和支持创业者。美国的法律保护产权，包括知识产权，并通过破产规定减轻失败的痛苦。美国不限制资本流动使得资金流向最有吸引力的最有风险/回报特征的企业。

当苏联人压制有新想法的人的能量和探索欲时，美国的体制鼓励并颂扬这些人。最终，很多苏联的经济失败和美国的成功可以归结为两国对企业家的不同做法。

本书内容

本书有关企业家的话题采用线性排列，从第一个问题（我是创业型的人吗?）到最后一个成功的业主需要考虑的问题（我如何将我创造的企业变现?)。这种线性方法不一定对应于每一个创业型企业的发展情况,但却是组织本书的一种实用方法。

第 1 章描述每个未来企业所要进行的自我诊断。你适合创立和经营企业吗?这一章将帮助你解答这一重要问题。

创业过程的最初几步是发现和评价商业机会。第 2 章描述了你要寻找的商业机会的五种特征,以及你最有可能发现机会的场合,还有评价机会潜力的过程。

假如你已经发现了一个强有力的机会,并决心追逐这一机会,你必须回答这个问题:“我的企业应是个人独资型,是合伙型,是公司型,还是别的类型呢?”第 3 章介绍了美国所使用的商务组织的各种法律形式,评价了其优点与缺点,并帮助你如何决定哪种形式对于你的企业是最有利的。

商业模式与商业战略是两个到处自由使用的词汇,但常常并不精确。什么是商业模式?什么是商业战略?第 4 章用两个有力的例证描述了商业模式如何解释企业的关键部分共同作用以赚钱。第 4 章还指出如何设计战略以便使企业与众不同并赋予企业竞争优势。最后,本章提出一个形成战略并使业务活动与之匹配的五步过程。

第 5 章指导你开始写作你的商业计划。商业计划对机会加以说明,找出要服务的市场,并且为创业组织如何有计划地利用机会提供细节。第 5 章还描述了管理团队所需的独特的素质要求,列出了成功所需的资源,以及对未来一个合理的时间段内的结果进行预测。这一章告诉你为什么商业计划必不可少,为你规划商业计划提供了一个模板，并为你模板中的每个部分的设计提供了一些技巧。第 5 章还指引你进入哈佛商务指南系列图书的网站：www.elearning.hbsp.org/businessstools。这个网址有免费下载的电子数据表模板，供你书写商务计划中预计财务报表。在你访问这个网站时，查看一下其他可下载的资料：模板、备忘项目清单及其他工具。这些资料与本系列中的其他图书有关。

第 6 章集中探讨企业在其生命周期的不同阶段（从创业到成熟期）通常遇到的财务要求。第 6 章也纵览了你在这些阶段的各种融资来源。本章使用了生活方式型和创业型这两种商业类型来说明从创业到扩张过程中的一般融资程序。

第 7 章继续讨论融资，重点阐明增长型企业必须得到外部资金。企业家在早期发展中可以从个人来源、朋友和亲戚处解决资金问题，但是如果想要上升到更高的层次，外部资金的注入通常是必要的。本章介绍两种资金来源：商业天使与风险资本家。这一章描述这些投资人，说明什么东西吸引他们，并讨论你如何与他们建立联系。

在某一时间点上，具有特别业务潜力的增长型企业会通过向个人投资者和养老基金、共同基金这样的机构投资者出售原始上市股票（IPO）的方式募集资金。这种并不普遍的活动使得公司大量转让股份所有权以获得公司业务稳定与扩张所需要的现金。第 8 章介绍上市的资格，上市的利弊，投资银行的业务，以及达成交易的八个步骤。因为只有极少的一部分企业能够通过上市获得外部资金，我们也介绍另一种选择：私募（private placement）。

第 9 章是关于企业增长的管理挑战。企业家寻求增长,但有时没有想清如何对待增长,如何保持增长,或者他们是否有能力做好这项工作。本章分析增长的挑战,重点是随着业务的扩张,企业家如何改变其角色。本章突出讨论持续增长的三个核心问题,定义了增长引起的各种管理类型,并列出了当公司变得更大更复杂时,更换管理团队的选择。

听起来自相矛盾的是,成功有时是创业型企业最大的敌人;等级体系,官僚制度和自我满足常与成功相伴。失去创业精神与创新能力的危险是每一个成功的企业缔造者应该关心的问题。第 10 章说明当成功变大以后,为什么许多公司失去了火花;这章提出了可以使领导人防止这种情况发生的七点建议。

第 11 章讨论私营企业如何收获其投资。创业者——特别是支持创业的商业天使与风险资本家——期待有一天将他们的一纸所有权凭证转变成真金白银。本章描述导致收获的动机,实现收获的主要机制,以及用来回答一个最重要问题的方法:"这个企业值多少钱?"

企业家助手

本书正文后包含了对你非常有用的资料。首先是一系列附录。附录 A 是财务报表入门。如果你没学过会计，或者很久没考虑过会计事宜了，这个附录会让你快速入门。附录 B 详细说明了本书正文没有讨论的盈亏平衡分析。附录 C 概述了用以衡量商业企业价值的方法。学习附录 C 不会令你成为这一技术性很强而且专业化程度很高的学科的大师，但是能教给你足够的知识使你聪明地和评估专家打交道。

附录 D 是一个你可能想要登录的网站清单，你可以在那里收集到关于创业企业和所有权的来龙去脉的信息。最后，附录 E 直接来源于美国证券与交易委员会的网站，解释了关于受限制和控制的股票出售的第 144 条规定。一般读者不需要懂得这一规定，但对于需要的人来说，阅读这些规定将很有益处。

附录后是术语表。

最后一节叫做“扩展阅读”。在那里你可以看到有关新近图书和文章（其中很多已成为经典）的注释索引，为各章话题提供了更多的资料或独到的见解。如果你想更多地学习与本书所包含资料相关的知识，本索引将有助于你。

祝你创业好运。

创业者百宝箱

1 自我诊断

1 自我诊断

你有创业的条件吗？

本章主要话题包括：

- 衡量对创业工作喜好的小测验
- 成功企业家的特点
- 家庭背景的影响

很少有企业家的发明能够改变成百上千万人的生活和工作。丹·布里克林却是个例外。1979年，他和鲍勃·弗朗肯斯顿(Bob Frankston)创造了个人电脑时代第一个“杀手”应用程序：他们命名为“视算”(VisiCalc)的电子数据表。他们成立了一家公司来完善和销售这一软件。这一软件和其他文字处理程序一起，在推动个人计算机产业发展上，做出了超越几乎所有其他事物的贡献。

好像是为了证明即使是一个伟大的成功也不是商业成功的保障，布里克林的软件艺术公司也鱼肚朝天地垮了。为避免破产，他公司的资产被卖给了莲花开发公司(Lotus Development)。但是像许多企业家一样，布里克林继续去创立其他企业。他成为一个连续创业者，参与创立了四家新企业。

像布里克林这样的人有什么独特之处呢？他们的做

事动机是什么？成为成功企业家的人的个人特点与背景是什么？本章讨论这些问题并帮助你决定是否具有成为商业创业者的条件。

创业者的素质

许多书和网站提供可以自己打分的小测验，人们可以用来评价他们自己是否适合创业者的生活。这有几个常提到的问题：

你能承受高风险吗？

你是一个超越预期成就的人吗？

你愿意长期每天（包括周末）投入 10 到 12 小时以达成目标吗？

你是做事主动的人吗？

你认为自己是个好的决策者吗？

你愿意将个人资金投入到风险中吗？

当需要长时间工作而且成功的可能不大时，你有建立企业的执著追求吗？

这些问题有助于思考创业工作的个人特点与适合程度。有些未来的企业所有者常说这句话："我有一个极好的创业想法，"这一思考过程对于他们尤其重要。想法当然重要，但想法很少比个人背景、动机和态度更重要。所以，做一套或两套自测题，然后用其结果深入思考你是否适合创立和经营一家企业。（美国小企业管理局在其网站上提供了一套自测题，www.sba.gov。）

做一做这些测试题，但不要完全依靠其结果做判断，因为这些题很少是基于实证的。而且，测验不能找出个人差异。学者与实践者威廉·比格雷夫写道："今天，经过很多研究，我们得知并没有一套整齐划一的行为特征能将创业者与非创业者区别开来。"[1]

从 1987 年到 2002 年，哈佛商学院副教授沃尔特·屈默勒(Walter Kuemmerle)对创业者特征进行了一次深入的研究。他分析了 20 个国家不同行业的 50 家新创企业。有些成功，其他的不成功。他从不同的企业中浓缩了 5 个成功创业者的特点。他认为这些特点是检验想创业人士的试金石。他发现这些特点适用于不同的行业与国家。屈默勒认为，成功的创业者：

1. 对打破规则感到心安理得
2. 准备面对强敌
3. 有从小做起的耐心
4. 愿意迅速改变战略
5. 知道如何成交[2]

让我们仔细看看这些特点。

对打破规则感到心安理得

成功的企业家愿意变通规则以得到他们需要的：资金、有能力的员工、合同，或实现目标的其他事物。在《哈佛商业评论》(*Harvard Business Review*)一篇关于这个话题的文章中，屈默勒举了一个一家两人开创的直销企业的例子。他们有风险资金在手，急需雇用 20 多个有经验的营销人员，而且一定要快。但是有哪个高素质人士愿意放弃原有的工作去加入一家连办公室都没有的公司呢（两个创办者当时还在家里工作）？为了克服这一困难，两位创业者在一家主要商业报纸上登了一个较大的广告，将他们的小机构描述成"快速增长的跨国公司"。然后他们在面试这天在时尚的四季饭店租了一个豪华套间。屈默勒说，有超过 1,000 人应聘。这两位企业主通过变通规则（也是变通真实的情况）得到了他们想要的。

准备面对强敌

寻找不与强大对手正面竞争的机会是一种聪明的做法。大型的根深蒂固的公司拥有众多的资源。但这并不总是可能的。创业者并不想刻意制造普通人大卫与巨人歌利亚（David and Goliath）对峙的情形，但两者谁也不会在对抗中退缩。例如，迈克尔·戴尔（Michael Dell），当他在羽翼未丰时就直接面对 IBM 和其他大型个人电脑制造商。但他迂回发展：采取直接向消费者销售的策略。当萨姆·沃尔顿（Sam Walton）1962 年在阿肯色州罗杰斯市（Rogers, Arkansas）开设第一家沃尔玛（Wal-Mart）商店时，做的也是以小对大的事。他面对的是来自西尔斯（Sears）、凯马特（Kmart）等大众市场零售商的强大竞争。因此，他间接地挑战这些公司。他将商店开在大型零售商未设店的小的乡村社区。42 年后，沃尔顿建立的公司在财富 500 强（Fortune 500）中名列前茅，年销售额高达 2,590 亿美元。

有从小做起的耐心

大多数新建企业，无论计划得多好，只是一些试验。在公司创立者大规模推广一个商业概念前——也就是说，在他们将自己锁定到一种经营公式前，从小做起给他们以测试和微调一个商业概念的机会。从小做起使他们得以感受客户对产品、价格及服务方式如何反应。

过去十年中，可能最引人注目、同时在经济上损失惨重的创业失败是一家不想从小做起的创业公司的领导人造成的。这个案例讲的是“网上货车”(Webvan)公司的几位创始人，包括博得斯集团(Borders Group)的创始人路易斯·博得斯(Louis Borders)，他们期望建立一个食品杂货送货到家的全国体系。“网上货车”公司首先在加利福尼亚州奥克兰市建立了一个超大的330,000平方英尺的自动化仓库。然后以股权资本的形式筹集了85,000万美元，并开始在全美的大都市地区建立了26个相似的仓库。但是公司从来没有达到过盈亏平衡。不到两年，这家公司就烧光了现金，被迫破产。对此，大多数观点是，“网上货车”公司做得太多太快了。

2002年，路易斯·博得斯又创立了一家新企业：媒体保存公司(KeepMedia)。这家公司向互联网用户提供下载来源于成百上千种期刊的文章，按使用量收费。但这次他好像学会了从小做起。他的新企业不大，与“网上货车”公司5,000员工相比，只有32个雇员，而且目标是较慢地增长。

愿意迅速改变战略

未来从来不像我们期待的那样到来。顾客要求不断变化。竞争对手以预想不到的价格、产品和激励手段来回应我们的行动。新机会与产品的新市场会突然出现。因此,如果羽翼未丰的公司固执地坚持初始战略,就会出现麻烦。屈默勒说:“聪明的创业者知道新企业获得信誉的办法更多地是靠简单地生存下去,而不是固执地遵行其原始战略。他们会很快认识到何时要改变航向,而且改变的时候很少犹豫。”[3]

知道如何成交

屈默勒说,成功的创业者懂得如何达成交易。“无论市场有多难或者交易有多小,当在压力下成交时,创业者非常明白什么是要放弃的,什么是可以暗中得到的。”[4]

与稳固公司的经理相比,需要达成交易的创业者必须要适应风险,而且不能被信息短缺吓倒。与大公司的经理不同的是,像能否达成交易、签订合同或借款协议这些事件常常使创业者处于生死存亡的境地。创业者常处于失败的边缘,因此每一笔交易都产生重大的后果。大公司经理经常会说:“我做这个决策或这笔业务前还需要更多信息。”而创业必须最好地处理不确定因素,勇往直前。站立不动和等待更多信息常常并不是好的选择。

想想你拥有多少这些创业者的特征。你对打破规则感到心安理得吗？如果需要，你愿意面对强大的竞争对手吗？你准备从小做起，先看看计划的进展，然后再全速前进吗？如果你开始的计划碰壁，你能足够灵活并谦逊地说“这招不成，我需要试试别的”吗？你是知道必须该做什么，并能去做的一种人吗？如果你对这些问题的回答是肯定的，很可能你是创业的材料。如果你有一个以上问题的回答是否定的，考虑一下这一反应如何阻止你去创业。

其他有价值的特点

屈默勒的个人素质表应包含到每一个自测中，但还要考虑其他素质。创业者应把其他优良品质带给新企业。

- 谈判技巧
- 技能
- 有能力说服员工、资金提供方等其他人接受其远见
- 有激发员工并授权他们独立工作的能力
- 有诀窍将计划转为现实，即，有实施能力
- 对正在做的事情怀有热情

这几个素质中，最后一个可能是最重要的，因为热情能支持一个人度过每一新创企业必然要面对的每天漫长的工作时间以及不可避免的失望。萨姆·沃尔顿曾经常说：“只凭我对自己工作的极大热情，我想我克服了自己的每一个缺点。我不知道你是否天生有这种热情，或者你是否能学到热情。但我绝对知道你需要它。如果你爱自己的工作，你会天天以你最大的努力去干，过不了多久，你身边所有的人也会从你身上感染上热情——就像发烧一样。”

来源：沃尔玛网站，www. walmartstores. com/Home Page/About Wal-Mart/The Wal-Mart Culture/Sam's Rules For Building A Business（2000年3月23日登录）。

背　景

企业精神以惊人的程度在家庭中传递。商业业主的子女比其他人更可能创立或收购企业。同样地，民间资料表明，父母拥有企业的，其子女比其他人更有可能报名学习本科和MBA学历中的创业课程。

这其实不应该令人惊讶。拥有企业所带来的挑战、喜悦、困难的选择以及回报经常是拥有企业的家庭在餐桌上讨论的话题。孩子们从这些讨论中以及从许多周末和暑假在自家商店或工厂的工作中学到了拥有企业意味着什么以及怎样去拥有一个企业。多数人只把保罗·纽曼(Paul Newman)看成一个成功的演员，实际上，他成长于一个企业主家庭。他在很多对他的采访中讲述了他少年时代在父亲的商店里度过的一个个周末。那些经历肯定与他后来创立纽曼独资公司(Newman's Own)有关，这是一家生产包装食品的公司，利润都捐给慈善机构。

吉姆·科克(Jim Koch)是波士顿啤酒公司的创始人和主席，他是家族酿酒的第六代传人。相似的是，丹·布里克林也出身于一个拥有和经营企业的家庭，而且这一背景肯定影响了他的未来生活轨道：

我父亲掌管家庭印刷企业：布里克林出版社(Bricklin Press)。这是我祖父20世纪30年代创立的。在印刷厂度过的许多下午以及无数次晚餐上对当天业务问题的讨论让我对面对经营我自己企业的种种困难作好了充分的准备……。在成长过程中，我从来没期待有哪家大公司会照顾我；相反，我不断寻找机会将一些好的创意变成一家企业。[5]

你可能适合创业

无论你的背景是什么，你可能适合创业。成功的企业是个人素质与良好规划的结合。你无须是一个有极佳创意的天才：大多数成功的新创企业始于渐进式创新。你也无须完全无畏：成功的创业者会适度回避风险。具备专业性的商务技巧也不是最基本的：你可以边干边学或寻找一位有经验的企业人士做企业的共同所有者。但即便一个人拥有创业的全部素质，如果计划不好，还是不会成功的。同理，一个人的计划能力优秀，但行动力不强，并且害怕不确定因素，也是不会成功的。

你必须拥有扎实的计划，实施计划的能力，以及很强的动力，这种动力强到企业的成功成为一个重要的个人目标。你有这些素质吗？

小　结

- 对于企业家来讲，想法是成功的一个重要因素。但是想法没有个人背景、动力和态度重要。

- 人们设计过一些测试以检验一个人是否适合创业生活，但这些测试只能当成不很精确的尺度来使用。

- 有一位研究者认为以下特征是创业成功所必不可少的：对打破规则感到心安理得；准备面对强敌；有从小做起的耐心；愿意迅速改变战略；知道如何成交。

- 企业精神的家庭传承。商业业主的子女比其他人更有可能创立或收购企业。

创业者百宝箱

2 发现与评价机会

2 发现与评价机会

机会真的存在且足够大吗？

本章主要话题包括：

- 真正商业机会的五个特点
- 在哪里寻找可以赢利的机会
- 评价机会的过程

弗雷德(Fred)管理着一家日本汽车大经销商的维修部门。弗雷德做这份经理的工作已有五年，而且做过相当多年的修理工，他看到了一个可能的机会。

“我们正在卖出越来越多的两用发动机汽车，”他在一次家庭聚会时告诉他的哥哥，“我们的全国销售组织估计，从现在开始三年内，两用车的销售量将占我们销售量的三成到四成。而且还有两家汽车生产商也开始制造两用车了。我想在今后20年左右的时间里，这种汽油—电力两用车将有很大市场，直到有一天燃料电池技术或某种其他技术能够成熟进入市场。”

他哥哥问道：“那这对你们维修部会有什么影响呢？”

“影响很大啊。”弗雷德回答道。“我们已经进了新的检测设备并且开始培训员工掌握两用车的电子和传动系统的特征，这些系统可和普通汽车大不一样。我们未来几年会特别忙，因为我们未来要做这些车的所有维修和保养业务，即便到了质保期以后。懂传统技术的修理工不懂得怎么修理两用车，很多人永远也学不会了。”

那天谈话后，弗雷德又想了想谈话内容。“这可能是个机会。”他思量着。他分析，当这种新的两用车质保到期后，车主想要维修和保养车辆，除了到像他这样的高价维修部门，别无选择。附近的维修点因为没有设备和技术培训很多年都不可能修理这种车辆。因此很多车主一定会欢迎一种低价的服务，也就是一个专营两用车维修和保养的服务中心。

弗雷德凭着丰富的经验以及对于服务部门的成本知识，开始计算这个新发现的机会的大小。他有两用车行业销售量的估算；他知道所需的检测和其他设备及成本；他还充分掌握开办一家全面维修机构的成本。他把这些数加到一起，越算越有信心。不久，弗雷德就设想出一个叫做两用车维护中心(The Hybrid Auto Care Center)的高质量服务机构。如果这个中心成功的话，他展望可以建立连锁克隆店，也许是一家全国加盟组织。

弗雷德已经发现了一个商业机会，这是创业过程的第一步。本章将帮你探索这一发现的过程。

机会的特征

创业者在不断为潜在的企业想着主意。但是他们如何筛选这些主意并从中找出几个真正的商业机会呢？我们来定义一下真正机会的特征，你可以从这一步开始。

杰弗里·蒂蒙斯(Jeffry Timmons)是一个关于创业精神的杰出专家，他将机会描述成这样一种产品或服务：

1. 能够通过解决顾客的一个重要困难，或填补一个重要的、顾客愿意为此付出高价的未满足的需要，因而为顾客创造出显著的价值。

2. 能够为创业者和投资人带来显著的利润潜力，足以满足他们对风险/报酬的期望。

3. 与创办者和管理团队的能力相称，即，是他们有经验和技能去实施的。[1]

4. 具有持久性，赢利机会必须能持续一个合理的时间长度，即，不是基于某种将很快消失的一时的时兴或需要。[2]

我们为这几个值得赞扬的特征再加上一个第五种特征。这一特征的提出者是加利福尼亚大学洛杉矶分校(UCLA)的创业研究价格中心(Price Center for Entrepreneurial Studies)主任小艾尔弗雷德·E.奥斯本(Alfred E. Osborne)。

5. 机会应服从于投资市场的口味。人们总认为有前途的商业想法总能找到金融支持的，但是经验告诉我们并非如此。

现在让我们详细逐条分析这一定义。

创造价值

顾客只有在感到物超所值时才愿意购买产品或服务。可感知的价值越大，他们越愿意付高价。CEMEX 是一家国际水泥和预制混凝土生产商，但它没有独特的产品或服务，水泥是一种普通商品。建筑公司可以打电话到几乎任何一家水泥公司，然后安排把预制混凝土运送到建筑工地。唯一的问题是运送经常不可靠，或者卖方只能保证三小时内送货。可惜，这达不到很多用户的要求。未能送货或者送货不及时致使 20 名建筑人员停工等待会造成进度大乱，并导致劳务成本上升。

为了为顾客创造价值，CEMEX 采用了一个比萨店的流行理念：保证 20 分钟内送达，否则由 CEMEX 买单。这一理念的有效实施使得这家公司获得成长与繁荣。正如戴维·博韦特(David Bovet)和约瑟夫·玛撒(Joseph Martha)所讲："CEMEX 在一个长期送货不可靠的行业里提供了可靠送货。它在允诺的时限内送货的可靠性是 90%，而其竞争对手的可靠性一般只有 34%。这种高度的可靠性使 CEMEX 在大多数市场里可以要高价，因而经营利润水平高于主要竞争对手 50%。"[3] 没错，即使像水泥这样的普通商品也能创造顾客价值，并且成为一家竞争型企业的基础。

显著的利润潜力

作为一个有效的机会，企业必须提供显著的利润潜力。但什么是"显著"呢？每个人会有不同的看法。寻找生活方式业务的人会寻找能带来舒适生活的生意——当子女长大后也许能传给他们。真正有雄心的企业家及其财务支持者寻找更大的机会。对他们来讲，显著的利润潜力更可能是一家两到三年内能赢利的企业，其五年内的销售额可以达到1,000万美元，有10%到12%的利润率，而且，如果一切顺利的话，下一个五年内的年收入增长率可以达到20%。达不到这种潜力的机会不会引起他们的兴趣。

在每一个赢利机会中，风险必然存在，因为两者倾向于相伴相生。公司雇员常常为工作不稳定而苦恼："如果经济形势不好转，我可能丢掉工作。"对，没有雇佣合同保护的人面临被炒或下岗的风险。然而，对于创立新企业的人来讲，风险还要大得多得多。如果事情不顺利，他们不仅失业，并且失去所投入的个人存款。对于投资人来说，风险是一样的；最坏的情况下他们的投资会全部打了水漂。考虑到创业的高风险，应该有相应的获得潜在高额回报的机会。

风险与回报间存在着一种真实的平衡，如图2—1所示。注意风险与回报的关系。图中A点风险为零，回报很低。B、C、D点给投资者或企业家与风险相对应的回报。E点(实际上任何在斜线下方的点)要避免，因为其对投资人或企业家的回报不足以使其承担如此大的风险。因此，没有人会为一个少于5%回报率的企业投资，因为投资于10年美国国债可以得到几乎相同的回报，这种国债是没有偿还风险的。

图 2—1

风险回报图

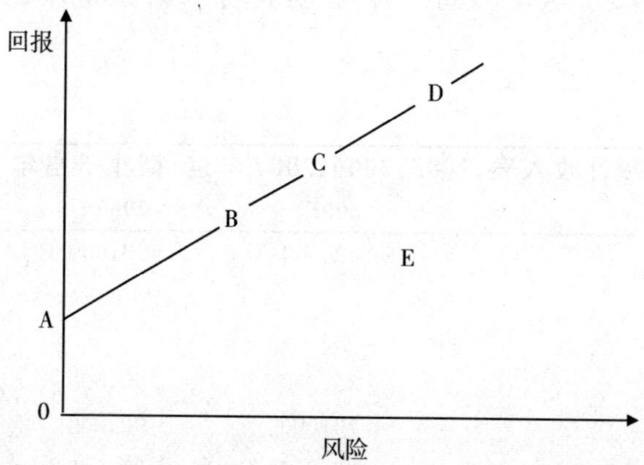

赢利机会可以用预测收入表来衡量。(如果你不熟悉经营中使用的收入表或其他财务报表,见附件 A。)预测收入表给出了未来一年或几年的营业收入、支出和税金的估算。本表所示净结果值是预期利润,即企业家对这几年的机会的衡量。因为贷款人和投资人想看到一套这样的报表,让我们以两用车维护中心为例,做一份收入表(表 2—1)。这里,弗雷德对前三年的经营做了预测。

弗雷德第一年的经营净亏损是 21,000 美元,尽管他只给自己开了很少的工资。后来几年,随着业务量(即销售收入)的增加,机会不断增大。如果未来几年业务量继续扩大,即便不建立一个地区连锁,建第二家厂是可行的。

当然,预测收入表所反映的机会是否真实有效取决于这些数字的有效性。弗雷德这样的人,因为构想的生意与他的当前经验紧密或直接相关,通常能够得到可靠的开支数字。劳务与福利成本,利息支出,每平方英尺的房租成本等都在他的经验范围之中。销售收入预测是另一件事。要在没有现存客户的情况下设想营业额数字及其增长。这里藏着一个对创业者来讲最危险的陷阱。

表 2—1

两用车维护中心预计收入表,2005,2006,2007 年度(截止于当年 12 月 31 日)

	2005	2006	2007
收入	$ 250,000	$ 450,000	$ 700,000
支出:			
业主工资	35,000	50,000	70,000
员工工资	70,000	90,000	150,000
福利	26,250	35,000	55,000
工人保险	7,000	8,000	14,000
设备贷款 1*	42,000	42,000	42,000
设备贷款 2**			14,000
保险	3,500	3,800	4,000
店面租金	20,000	20,000	20,000
水电费	5,500	5,700	6,000
其他	5,000	8,000	15,000
零件与材料	50,000	90,000	140,000
广告	7,000	8,000	9,000
全部支出	$ 271,250	$ 360,500	$ 539,000
税前利润	($ 21,250)	$ 89,500	$ 161,000
税费	0	26,850	48,300
税后利润	($ 21,250)	$ 62,650	$ 112,700

* 300,000 美元,12 年期,年贷款利息 9%。

** 100,000 美元,12 年期,年贷款利息 9%。

非常相称

非常相称是这样一种情形：创业者与管理团队有管理、财务和技术能力，还要有个人敬业精神，以利用商业机会。弗雷德，我们两用车服务例子中的假想人物，看起来与他发现的机会非常相称。他已经懂得技术并知道如何应用。他也拥有一家汽车服务企业的管理经验。和弗雷德一样，当年轻的比尔·盖茨在个人电脑的黎明时代开始他的软件业务时，他也发现了一个与他非常相称的机会。他懂得编程，献身于正在崛起的电脑产业，并形成了与其早期业务相适应的管理能力和销售感觉。但不是每个创业者或经理人都与机会相称。

无畏的企业家面临的其他陷阱

乐观的收入预测对于可能的企业所有人是最危险的陷阱，但不是唯一的陷阱。人们经常低估使顾客知道自己所需投入的广告量。营销专家警告不要使用单一广告战略。他们说，多数人在与一家企业做生意前必须要多次看到它的名字。例如，零售商 L. L. Bean 算出其必须寄出六七份直销目录，可能的客户才会下一个订单。

估计经营所需要的空间和人员也可能是一个陷阱。例如，在加工和零售业，多数人通常依据假定销售额来决定他们需要的空间和人员数量。销售和这些其他因素的联系可能不准确，结果是业主租用了太多空间和雇用了太多人员——或者相反。

持久性

有些机会具有持久性，也就是说，商业人士可以长时间利用这些机会。这些机会持续时间长，而且随着时间的推移注定会增长。软件业显示了这一持久性，手机服务业也如此。有些机会转瞬即逝，无法持续赢利。你还记得宠物石（Pet Rock）吗，20 世纪 70 年代风靡的搞笑礼物现象。有几个月，全美国的人都给朋友买宠物石。然后这阵风就过去了。多数与青少年有关的时髦和流行同样短命。当找到并服务于消费者的需要时，孩子们已没了兴趣，又继续去玩更新的东西了。

十几岁的孩子不是唯一变幻无常的消费群体。想想 90 年代美国高尔夫球的繁荣。高尔夫球突然在年轻人和中年人中流行起来，热衷者大多是男人。但是还没等你学会拼写高尔夫名将安妮卡·瑟伦斯坦（Annika Sorenstam）的名字，人们就已失去了兴趣。高尔夫继续拥有很多的观众，但活跃的业余爱好者的数量在 1999 年到 2003 年间逐年减少。全美的高尔夫设备制造商和球场都感到日子不好过，许多企业倒闭。受打击最重的是那些新建或扩建的公立和私人俱乐部。到它们开张营业的时候，商机之窗已经关闭。

有些机会没有持久性，即便需求长时间居高不下。进入门槛很低造成这一情形。机会很明显，但进入门槛很低，结果是致命的。产品或服务的供给会迅速超过需求，造成不断降价和全面的生意困难。

融资

从机会的定义来看，商业机会应服从于融资。人们认为有前途的商业想法总能找到金融支持——从创意者，朋友和家庭，银行家，或其他人那里。但经验不支持这一说法。比如，2000 年到 2004 年之间，生物工程业的创业者们有很多关于新疫苗新疗法的创意。要是再早几年，这些好主意可能会得到所需要的资金，但是因为投资者缺少信心，这些创业者对资金如饥似渴。

在你起跳之前

当你发现商业机会后，用这些特征加以衡量。

- 能为目标客户创造价值吗？——价值是否大到让他们愿意花钱购买，而且最好是溢价购买？
- 你能有利润地送出你的产品和服务吗？
- 潜在的利润与相应的商业风险成比例吗？
- 机会与你和你的团队的能力相称吗？
- 机会之窗可否较长时间开放供你利用？你必须避免机会在短时间内蒸发掉。你还必须避免竞争者能迅速进入这个领域。
- 你的创意服从于投资人的口味吗？

读下文之前，问问自己弗雷德的两用汽车维护中心的创意在多大程度上符合一个可信机会的这些定义。对你正在考虑的其他机会，也这么问问自己。

去哪里寻找机会?

在自由市场经济里,机会对于赢利企业总是不断出现,机警的企业家总是渴望发现它们。但是最好去哪里找呢?答案是:(1)去事物正在变化的地方找;(2)到强大公司的雷达下面找。

新知识与技术变化

企业行为追随知识的扩展与技术的变化。比如,微生物领域的新知识促生了成百上千个生物工程企业及其供应商。在波士顿地区,麻省理工学院(MIT)实验室创造的技术造就了数百个高科技创业企业。同时,在几百年的钢铁产业中,努克公司(Nucor Corporation)成功地创造了连续铸造工作系统,这导致了新的小型钢厂的崛起。

法规的变化

20世纪80年代,美国电话业解除了管制——也就是说,美国电话电报/贝尔公司(AT&T/Bell)的垄断被法院命令解体。这一事件提供了一个有力的例证,说明了法规的变化如何创造商业机会。那一系列事件掀起了创新与新建公司的大潮,其中有新成立的斯普林特公司(Sprint)与MCI公司。后来,又出现了十几家手机公司与设备制造公司。相似地,美国航空业解除管制产生了许多地区性的新公司,包括西南航空公司(Southwest Airlines)和蓝色喷气机航空公司(JetBlue)。随着美国与英国证券行业中政府规定的佣金率的取消,产品与服务的创新更是层出不穷。

社会动荡与政府失效

人们想为自己及子女得到最好的。当公共领域不能完成自己的职责时,人们常常把职责拿到自己手中,并且惠顾能帮助他们的公司。因此,如果人们感到犯罪率上升,资料证明许多公立学校教育质量平庸,那么创业者的机会闸门就打开了:汽车报警器、防弹背心、家庭保安系统、私立学校、儿童日托、个别辅导等业务应运而生。

不断变化的品味

大公司把资金主要用于现有产品并把精力用于经营细节上,因而对顾客品味变化的反应常常很慢。它们迟钝的结果是创业者有了利用未满足需求的机会。

例如,20世纪60年代前,欧洲以外的成年人很少喝葡萄酒。但是当他们培养了这一品味并能辨别优劣后,在美国、智利、澳大利亚以及新西兰,小型高品质的酿酒厂大量涌现。欧洲公司不能满足这一不断增长的需要。今天,我们又看到了一个相似的情形,北美及北欧的人们已开始认识到橄榄油的营养和烹调价值。橄榄油是地中海食谱中一种有利于心脏健康的食品。当美国消费者减少使用黄油、人造黄油以及其他烹调油脂后,橄榄油的消费正以大约年 20%的速度急速增长。这一变化为高品质的橄榄油生产商打开了机会之门。这些生产商有北加利福尼亚的长草地农场(Long Meadow Ranch)和麦卡沃伊农场(McAvoy Ranch),以及西班牙巴埃萨(Baeza)城外的哈新达·拉·拉古那(Hacienda La Laguna),以及世界各地许多新的生产商。

创业者可以通过观察趋势创立者来找到机会。这些趋势创造者比如出色的厨师,受过很好教育处于事业上升期的年轻人,领先的保健产品和服务提供者。他们的选择以及对他人的建议往往蕴涵着广泛趋势的种子。

寻找方便的解决办法

现代城市生活为许多家庭提供了可观的可随意支配的收入,但是剥夺了它们的可任意支配的时间。特别是在日本和美国,假期不长而且休闲时间被上下班交通和家庭杂务侵蚀,因而人们欢迎能方便地解决生活烦恼的办法。他们很高兴花钱雇人来保养汽车、打扫房间、汽洗地毯、做饭、中午遛狗、提供放学后小孩照料,刷漆和装饰,等等。一直到 20 世纪早期,美国中产阶级家庭还在雇用住家佣人(一般是移民来美国的女孩)来处理家庭杂务。今天,他们将这些工作交给创业的餐饮提供者，宠物和草坪护理公司，像豆荚公司(Peapod)这样的食品杂货送货公司，房屋清理专家，等等。你今天惠顾多少这类公司呢？你能想出可以提供给像你自家一样的普通家庭的方便的解决方案吗？

雷达下

另外一个寻找好机会的地方在大公司的雷达下。看一看这个公司中层经理的境遇。她刚才发现一个新生意的机会，然后去报告给老板——巨人电子公司(Gigantic Electronics Corporation)的产品开发副总裁。老板很直接地问道："这个生意从现在开始未来五年的潜在销售收入是多少？"

她说："我估计五年后有800万到1,000万美元。"

老板笑了："这对我们没有什么影响。如果你能找到一亿或一亿以上潜在销售收入的机会，再来告诉我吧。少于一亿的对我们来说都太小了。"

这位副总裁并不是骄傲或短视；大公司无力应付那些对于他们来讲小的商业机会。他们的人力和物质财产是配备给大市场的。因此，许多有价值的项目被拒之门外。然而，这些被扔掉的机会对于小的创业型企业可能是金矿。实际上，很多经理和工程师离开原来的公司去开发那些被雇主认为太小而拒绝的项目。

有趣的是，尽管这些不灵活的大公司不去追逐小的创业机会，却反过来花大价钱收购那些当初看不上后来却成功发展起来的企业。斯纳波(Snapple)就是一个有启发的个案。这是一家成功开发了冰茶和果汁饮料的创业企业,并且增长迅速。在1991年到1994年间,公司营业额从9,500万一直冲到5.16亿美元。美国食品巨头,百事可乐(PepsiCo)旗下的贵格公司(Quaker)没有选择自己创立一家冰茶和果汁饮料公司,而是在1994年花17亿美元收购了斯纳波。

避免这种错误

很多人把他们的个人兴趣与真正的商业机会相混淆。例如,希拉(Sheila)喜爱冬天滑雪和其他时间骑自行车。她对这些活动有热情并在挑选、使用、修理相关设备方面有很强的专业知识。她不喜欢自己当证券分析员的工作。所以希拉想在她最喜欢的滑雪场附近的佛蒙特州(Vermont)的一个小镇上开一家滑雪板和自行车商店。她想:"如果这能成功,我就可以扩展到新英格兰(New England)地区的其他滑雪场。"

希拉对滑雪和骑车怀有的热情很重要。热情和执着使业主愿意投入成功所需的每天长时间的工作。但是她的产品和服务有没有足够的未满足的需要呢?这个生意有真正的赢利潜力吗?她有经验和诀窍来成功管理一家零售店吗?很多创业者在未能提出或回答这些根本问题时就跳进了生意。所以,我们能看到有人开书店是因为他们喜欢以书为伴,也喜欢和读书的人在一起。另外有些人开宠物店是因为他们喜欢动物。

对产品或服务有热情确实很好,但这替代不了实在的商业机会。

从发现到评价

发现机会只是创业过程的第一步。下一步是评价，目的是展示所看到机会的范围和细节。系统的评价应遵循以下步骤：

1. 着手细致地检验商业产品或服务的市场。

2. 评估现有的与预期的竞争程度，然后设计能给你带来优势的战略。

3. 看一看机会的经济数字。

4. 考虑成功所需要的财务与人力资源。

市场

很多创业者为他们的新玩意儿或服务激动不已，因而忘了评价其对顾客的价值。但是归根到底，生意的成功仅取决于足够多的人承认其价值并愿意花钱来买。因此，创业者应该先问如下的有关顾客和市场的问题。试着为你找到的机会回答下边每一个问题。

- 顾客如何得到益处？
- 有多少人受益？换言之，市场有多大？
- 市场稳定还是增长？如果增长，年增长率是多少？
- 在未来几年中，你的产品（服务）能合理预期取得全部市场的多大比例？

● 竞争者有另一种产品或服务填补部分需要吗?

● 潜在的客户意识到对此产品(或服务)的需要了吗? 或者,这种需要是潜伏的,也就是说,它是一种尚未被顾客自己发现的需要吗?

● 到底谁是潜在的客户呢? 你能叫出他们的名字吗? 你能描述他们吗? 如果你不能,也许你的商业机会严格地说只是理论上的。

● 你如何接触到潜在顾客并达成交易? 是直接地,通过分销商,还是通过零售店?

● 与替代品相比,你这种产品(服务)的功用是什么? 比如,手机为移动的顾客提供电话服务。但是固定电话用户不需要第二条电话线便可通过数字用户线(DSL)提供的高速上网宽带接入技术实现宽带上网。

希望你不用使劲挠头就能回答上面每一个问题。如果你不能,现在是挖掘答案的时候了。

让我们再看看我们那家假想的新企业,弗雷德的两用车维护中心,在这种评价中的表现。

竞争对手情况

现在试着回答以下一组问题。这些问题分析竞争对手情况。如果你进入一个现有市场,你将面对竞争者。有些竞争者根深蒂固,很有能力。如果你进入的市场很新而且有吸引力,可以肯定它一定会吸引其他像你一样的利润追求者。

表 2—2

两用车维护中心市场评价	
顾客所得利益	·比经销商提供的同类服务价格低 ·专业知识更强。我们只维护两用动力车并拥有全套适合的设备。
市场大小	·目前(2004 年)有 220,000 辆丰田(Toyota)和本田(Honda)两用车在使用。福特计划 2005 年初进入市场;通用公司(GM)和戴姆勒克莱斯勒(DaimlerChrysler)准备 2006—2007 年跟进。行业预计 2007 年有 170 万辆两用车上路,2010 年有 260 万辆上路。
市场增长率	·从 2004 年起,复合年增长率为 23%。
市场份额	·在最初五年内,在 20 英里的服务半径中,业务份额预计为 18%。
竞争者	·主要竞争者是两用车经销商,它们将得到质保期的大部分生意。 ·其他可能会新开张满足增长需要的两用车专营店。 ·附近的修理厂大多没有提供两用车服务的培训和设备。
顾客的需要意识	·当质保到期并且经销商的服务成本很高时,顾客会明显意识到需求。
顾客	·所有不同厂家和型号的两用动力车。
接触顾客	·向服务地区的两用车车主做广告。 ·免费信息性的车主培训班("了解你的两用车")。
产品功用	·成本和质量。

● 顾客目前是用什么办法来满足你发现的需要的?(例如,用固定电话而不用手机)

● 竞争对手的强项与弱项是什么?(例如,质量高,客户服务不佳,价格高)

● 如果你进入市场,聪明的竞争对手会如何做出反应?(例如,降价,进行产品改进)

● 市场进入的门槛是高是低?门槛低通常意味着竞争者会继续进入市场直到回报降到很低程度。如果进入门槛很高,你能克服吗？

● 现有竞争者能否对顾客需要和技术变化做出敏捷的反应？

● 竞争者影响你生意前景能做的最坏的一件事是什么(比如降价20%)？你回答这一问题后，想想这件最坏的事会怎样影响你成功的可能性，以及你如何应对。什么样的定价、定位、服务、分销或产品特征能给你带来持久的竞争优势？

你应该彻底研究并满意回答上述每一个问题并做书面记录。如果你要寻求外部资金，这些书面回答必不可少。

基本经济情况

每个企业都依赖于一种经济结构，这一结构影响其竞争与成功的能力。有些企业，例如超市，销售利润率很低，但成功的超市有非常大的销售量。(利润率用百分数表达，是利润与销售额的比值。)在另一端上，我们有定做家具这样的生产企业，其销售量不大，但一般每笔业务的利润很大。你的商业机会的赢利结构是什么？

再想一下企业的成本结构。有些企业固定成本高，可变成本低。固定成本是指无论生产多少产品或服务，成本基本保持不变。例如，汽车发动机厂有很高的固定成本——用于支付贷款、保险、专用设备、经理薪水。无论工厂每年生产100还是1,000部发动机，这些成本基本一样。相反，可变成本随产量的高低而变。可变成本包括材料成本、能源，在许多情况下，还包括劳动力。明白这些成本很重要，因为(1)可以有助于你理解赢利的基础，(2)如果你知道每一单位的销售收入，你就能决定你经营业务的盈亏平衡点，也就是你在赢利前需要卖出的单位数量。(见附件B对盈亏平衡点的解释以及如何计算。)

固定成本高可变成本低的企业(例如，高产量的生产企业)通常有较高的盈亏平衡点，但是在超过平衡点后有很高的销售利润。固定成本低可变成本高的企业(例如，技术服务企业)盈亏平衡点低，但是超过平衡点后的销售赢利水平比较低。

了解商业机会的经济情况相当重要。下一组问题帮助你思考和评价你的机会的经济情况。试着给每个问题一个完整的答案。

- 这个企业是价格制定者还是价格接受者？企业所售产品在定价上受到哪些制约？
- 你的产品或服务的供需状况如何？
- 需求有弹性还是无弹性？也就是说，如果你涨价，需求会剧减吗？(有弹性)，或者涨价只在短期对需求造成轻微影响？(无弹性)
- 对于你的产品或服务，潜在客户可选择哪些替代品？
- 企业是固定成本主导型还是可变成本主导型？
- 供应商和雇员可以在多大程度上迫使企业增加成本？

底　　线

当你发现机会并以市场，竞争和经济价值评价机会以后，问一问这两个问题：

1. 按照图 2—1 描述的风险回报关系来看，这一机会是否仍然有吸引力？

2. 这一机会同其他你发现的机会相比的吸引力是多还是少？

不要轻视这两个问题。总是要考虑相对于其他可以追逐的机会(包括什么都不做)，这一机会有多大吸引力。记住将你的资金投入到货币市场基金赚取不多的 2% 的利息也是一种选择。在你的雷达上具有所有合适特征的机会没有出现前，你也应该做这种选择。

小　　结

- 商业机会是指：(1)为顾客创造显著的价值，(2)在计入风险的情况下提供可观的利润潜力，(3)与管理团队的能力相称，(4)在一个合理的时间跨度内有赢利的潜力，(5)服从于投资市场的口味。

- 为了揭示创业机会，可在这些领域寻找：(1)新知识和技术变化，(2)法规的变化，(3)社会动荡与政府失效，(4)不断变化的品味。还要寻找那些能解决人们问题的方便办法。

- 大公司时常拒绝赢利机会，因为机会“太小”。这些机会可以为创业型小企业所用。

● 对有前途的机会要做系统的评价，评价过程要考虑市场、现有的以及预期竞争的程度、基本经济情况，以及成功所需的资源。

业者百宝箱

创业者百宝箱

3 组织企业

3 组织企业

哪种形式最适合你？

本章主要话题包括：

- 美国企业可以使用的不同的合法组织形式
- 每种形式的利弊
- 决定哪种形式最适合你的企业

每个企业家在新企业创始时要解决的一个核心问题是企业所要采用的法律形式。它应该是独资企业、合伙企业、公司，还是有限责任公司呢？

决定主要取决于创业者和公司投资者的目的。但是税收和法律责任也起一部分作用。法律的内在平衡使得选择更为困难。为了得到更有利的税收待遇，企业必须常常放弃一些连带责任的保护，放弃一些灵活性，或者两者都放弃。本章概述新企业可选择的企业形式，并总结每种形式的利与弊。

独 资 企 业

独资企业是最古老、最简单、最常见的企业实体形式。独资企业是被一个人拥有的企业。对于税收和法律连带责任而言，企业主和企业本身是同一的。对独资企业不作为单独实体征税。业主是用个人所得税申报的C表报告所有收入及企业的可扣除支出。注意，对企业的赢利在个人层面上征税，无论利润是否实际上以现金形式做了分配。没有再投资以避税的机制。

从连带责任而言，个人与企业也是同一的。因此，法律索偿者可以追讨业主的个人财产，而不是仅仅是企业资产。

> **法律义务提示**
>
> 本章信息依据美国法律，不能被理解为法律建议。有关问题请一定咨询律师。居住于美国以外的读者应该咨询他们自己的法律与税收专家。

独资企业的优点

也许这种企业形式最大的优点就是简单和成本低。你无须向政府报告，尽管有些企业，如饭馆和儿童日托中心，要经过地方卫生或其他管理机构批准。独资企业也不需要法律章程。业主只是开始做生意就可以了。

独资企业还有其他优点：

- 业主或出资人完全控制企业决策。
- 经营收入可以直接放入业主的口袋，或进行他认为合适的再投资。

- 利润直接归入独资人的个人税务申报；对利润不再进行第二次征税。换言之，企业利润不在企业层面征税。
- 企业的解体如同开张一样容易和随意。

正是由于这些优点，独资企业形式在美国被普遍采用。任何人想开张和顾客做生意就可以马上去做，在多数情况下，不受政府机构或律师的干预。

独资企业的缺点

然而，这种法律组织形式有下列缺点：

- 企业可用资本数量限于业主个人资金和可以借到的资金。这一缺点限制了企业的潜在规模，无论其产品或服务多么有吸引力或受欢迎。
- 独资企业主对经营过程中的所有债务和法律判决负有无限责任。因此，顾客提出的产品责任诉讼不是针对企业而是针对企业主。
- 企业无法吸引那些想拥有企业股份的高素质员工。要想分享所有权的利益，而不只是分享利润，需要企业法律形式的改变。
- 有些员工福利，比如业主的人寿保险费、伤残和医疗保险费可能不能从应纳税收入中扣除，或者只能部分扣除。
- 企业的生命有限；只有业主活着的时候，企业才存在。业主去世后，企业资产成为遗产。

● 你将在本书后面的章节中看到，风险资本家和其他股本资本投资者不会加入到独资企业中。

创立独资企业的技巧

你只要开始去做就能创办一家独资企业：比如提供咨询服务，买卖商品，撰写可订阅的时事通讯，等等。很简单。下面是几个有用的技巧：

● 将你的家庭财务与企业财务分开。你可以通过给企业单独开一个账户而做到这点；通过这一账户处理企业支出和收入。

● 使用 Quicken 或电子表格跟踪本税收年度发生的营业支出。如果你将支出放在美国国税局(IRS)C 表营业支出一栏的项目下，罗列这些开支并将其从应税收入中扣除会很容易。要保存每一张收据！

● 如果你用的企业名称不是你自己的名字，比如，护航管理咨询(Surfside Management Consulting)，你可能需要在你企业所在城市进行"自造名称"或"经营名称"备案。

● 美国很多州禁止非独立经营实体使用含有"公司"字眼的名称。

合 伙 企 业

合伙企业是一种有两个或两个以上所有者的商业实体。在美国，从税收和责任角度来看，合伙企业的待遇与独资企业一样。收入按照合伙协议分配，并在税收方面作为个人所得对待。因此，如同独资企业，合伙企业只是一个将收入引导给合伙人的管道，看一看这个例子：

比尔(Bill)和鲍勃(Bob)组建了一个合伙企业，创建了一家名叫比尔—鲍勃咖啡厅(Bill-Bob Café)的饭馆。按协议，他们平分利润，去年的总额是140,000美元。比尔去年无其他收入来源，在他的个人税收申报单上报了70,000美元收入。鲍勃从一份兼职工作中挣了20,000美元，在他的个人税收申报单上报了90,000美元(70,000美元合伙收入加上20,000美元其他收入)。

合伙企业有独特的责任。每个合伙人均有连带责任。因此，受损害方可以追究一个或几个合伙人的责任，并且其权力要求不用与合伙人的投资金额或收益分配成比例。这意味着如果比尔损害了顾客的利益，顾客可以起诉比尔和鲍勃，尽管鲍勃没做什么。

组织一家合伙企业不像独资企业那样轻松。合伙人必须决定，并以书面方式记录合伙人就一些问题达成的协议：

- 合伙人各自的资本投入数量与性质(例如，一个合伙人出现金，另一个出专利，第三个人出土地和现金)
- 如何分配经营利润与亏损
- 从利润中提取的工资和其他款项
- 管理职责
- 撤资、退休、残疾或某个合伙人死亡对企业的影响
- 合伙企业的解体与清算方法

合伙企业的优点

合伙企业有许多与独资企业相同的优点，还有其他一些优点：

● 除了达成合伙协议所需的时间和法律费用以外，创立合伙企业很容易。

● 因为有一个以上的所有者，企业可筹集更多资金为企业及其经营融资。

● 企业利润直接进入合伙人的个人税收申报；没有第二层征税。

● 企业可吸取多人的判断和管理能力。最好的情形是，合伙人有互补的技能。

合伙企业的缺点

如前所述，合伙人要为其他合伙人的行为负连带责任。因此，一个合伙人可以在其他合伙人不知情或没同意的情况下将其置于危险之中。其他缺点如下：

● 合伙人共享利润。

● 当两个或更多合伙人可以参与决策时，决策比独资企业慢和难。争议会使合伙企业陷入困境。

● 和独资企业一样，有些员工的福利费用可能不能从所得税中扣除。

● 根据合伙协议，合伙企业可能有存在期限。除非另有规定，合伙企业在任何合伙人撤资或死亡时终止。

有限合伙企业

上文描述的企业类型法律上称为一般合伙企业。这种类型是我们谈到合伙企业时通常想到的。然而，还有另一种你该明白的合伙形式：有限合伙企业。这是一种包含有限责任合伙人和一般合伙人的混合组织形式。一般合伙人(可能不止一个)有管理权和经营的无限责任，并且必须在盈亏上至少有1%的权益。有限合伙人没有管理权，在法律上只对他的出资部分加上其他具体接受的债务负责。

建立有限合伙企业的一般动机是聚集起有技术或管理专长的人以及富有但对业务知之甚少的投资者——这些富有的投资者也可能无时间参与经营，但他们还是想参与赢利。

注意在有限合伙企业中，利润和亏损可在合伙人当中作不同的分配。也就是说，即便在赢利时，利润的20%的分配给一般合伙人，80%分配给有限合伙人；在亏损时，有限合伙人可能会承担99%的亏损。(富有的有限合伙人常常欢迎这样的管理，因为他们可以用合伙企业的亏损抵消其他来源的应纳税收入。)但是，可扣除的损失不能超过遭遇风险的资金额的总数。利润的分配可用一切创造性的结构来安排，如某些风险资本和房地产合伙企业所使用的结构。在某些安排中，有限合伙人可得到利润的99%，直到收回他们的全部投资，从此以后一般合伙人得到30%的利润，有限合伙人的利润份额下降到70%。

C 类 公 司

C类公司就是一般意义上的公司。当一个企业成为法人，就成为了C类公司，除非它特别选择成为S类公司，S类公司将在本章稍后介绍。虽然在美国C类公司的数量比独资企业少得多，但在销售额上却占了全美的90％。这是因为美国大公司的大多数是法人公司。

在美国，公司是经过州特许成立并视为法人的实体。这意味着公司可以起诉和被起诉；可以被州罚款和征税；公司还可以订立契约。C类公司可以有无限的所有者。公司股票是所有权的凭证。董事会代表股东——至少是间接代表股东——管理企业。

以下几种原因使公司形式对企业家很有吸引力。第一，与独资企业相反，公司所有者个人的资产受到保护，不负连带责任。为了理解这一保护的好处，看一看曾在1989年发生大规模石油泄漏的埃克森·瓦尔迪兹(Exxon Valdez)号油轮的例子。尽管埃克森的赔款额超过了其公司资产净值，法庭不可能继续向股东个人追讨赔偿款。个人所有者的责任仅限于其在公司的投资。这层保护壳或保护面纱只有在发生欺诈时才能被刺穿。

另一个有吸引力的特征是公司的筹资能力。不同于独资企业与合伙企业，这两种企业必须依靠一个单一业主或数量不多的合伙人来获得股本金。公司具有利用人数众多投资者资金的潜力：

不仅包括像养老金和共同基金这样的机构,也包括个人投资者。股本(或叫所有权)资金由股东购买公司直接发行的股票而获得。作为回报,股东得到部分公司资产的所有权份额和公司未来的部分收益。成功的增长型公司能够通过多次发行上市新股而获得资金。公司还可以举债。

C 类公司的优点

C 类公司的优点可作以下归纳:

- 股东对公司债务和不利于公司的判决负有限责任。然而,如发生未留或未付公司税金,公司执行官个人要对其行为负责。
- 公司可以通过出卖股份以筹集资金。
- 公司在报税时,可以作为成本扣除提供给执行官和员工的一些福利费。
- 理论上,公司有无限的寿命。
- 因为公司可以用公司股票补偿员工,所以公司在吸引和留住人才方面比独资企业和合伙企业更有优势。
- 代表所有权的股份可转让。股东可以卖掉他们在公司的部分或全部权益(假定存在转让市场)。股东还可以把股份送给家庭成员或慈善机构。

C类公司的缺点

就像鱼和熊掌不可兼得一样,C类公司也有几个明显的缺点。也许最大的缺点就是双重征税问题。C类公司是按赢利(利润)被征税的。税后的剩余部分可以作为红利分配给股东,也可以留在企业支持经营或发展。但是想想分配给股东的税后红利发生了什么情况。股东将红利作为应税股息收入申报。所以,利润被二次征税:一次在公司层面,一次在股东层面。

(注:美国现在的红利收入税率比以往要低。从2003年开始,有资格享受资产利得税率的红利与净资本所得一样,按5%或不高于15%的最大税率征税。2003年以前,所有红利收入征税按适用于一般收入的更高税率征收。)

为了理解这一双重征税问题,请看下面的例子:

联合帽架公司(Amalgamated Hat Rack)税前盈利为647,500美元。将其中的46%多一点向州和联邦政府支付公司所得税,税后利润为347,500美元。如果公司以红利形式支付给公司的创始人和CEO安格斯·麦克达夫(Angus Mcduff)10,000美元,麦克达夫则需要将这笔钱加到他的个人应税收入中,这笔钱将被州和联邦政府征税。因此,同一收入被两次征税。(注:如果一个公司从其他公司得到红利收入,这种双重征税问题会有小的例外。)

其他缺点还有:

- 组成公司的过程通常成本很高。公司必须创立一套管理规定，包括股东会议、董事会议、执行官的选用，等等。

- 公司受联邦、州和地方政府监督。上市公司必须每季度公布业绩。

对于创业者，采取公司形式是一种将其在公司中的个人权益变现的方法；账面财富可以变成真正的现金。并且，公司形式相当有利于筹集发展所需的资金。但是每卖出一股都会稀释创业者的所有权和控制权。

S 类 公 司

S类公司是美国税收法的另一个产物。S类公司是一种紧密持有公司，纳税地位如同合伙企业，但其投资者享有授予公司股东那样的有限责任保护。换言之，S类公司像一根传送管道，直接将盈亏输送到股东的个人所得税申报表中，股东的法律责任仅限于他们的资本贡献额。

作为这些优惠措施的交换条件，法律对可以获得S类公司地位的公司类型作出了许多限制。要取得S类公司地位，一个组织必须满足下列条件：

- 只有一类股票，尽管允许投票权有差异。
- 是国内企业，由美国公民全资拥有，从美国以外得到的营业收入不超过总收入的80%。
- 拥有不超过35个股东（夫妻作为一个股东）。

- 不超过25%的收入来自衍生物,例如,利息、股息、租金及专利权税。
- 只允许个人,遗产管理者和某些信托基金作为股东(即:不允许公司与合伙人做股东)。

最后一条规定排除了风险资本家作为潜在股东的可能,因为大多数风险投资企业是合伙制。

有限责任公司

有限责任公司(有限公司)是一种比较新型的实体,其设计目的是提供与S类公司相同的福利。有限公司与S类公司相似,享受合伙制的税收优势和公司的有限责任保护。尽管各州法律有所不同,但有限公司很像S类公司,只是没有投资者人数和类型的限制。所有人不是业主,不是合伙人,也不是股东,他们是“成员”。

有限公司很像合伙企业,公司按经营协议(等同于合伙协议)以多种方式分配利润与亏损,不一定与出资额成比例。律师事务所常由这种形式组成。

除了纳税和有限责任的保护优势,有限公司容易运作;如同独资企业,没有法律要求保管会议记录、召开会议,或作决议——这些要求常常对公司的所有者形成制约。

哪种形式对你有意义?

可能你已经猜到了,税收是选择经济实体形式的一个重要因素。实际上,美国税收法的一些激励机制导致了某些危险的对策。例如,上述的对公司利润分配的双重征税刺激那些既是所有者又是雇员的人将所有的利润作为工资发给自己。和红利不同,工资是公司纳税时一项可扣除的成本,所以不用交两次税。然而,美国国内税务局(国税局)规定了哪些是合理的工资收入;这些规定用以阻止上述行为。

请再注意在所谓的实缴式实体中,如合伙企业和有限公司,个人纳税范围是其赚取的收入,而不是实际分配的现金。合伙企业收入在合伙人个人层面上征税,无论现金是否已分配。因此,企业留存的发展金或储备金也要纳税,尽管没有分配给所有人。

如果企业预计在创业的最初几年会产生较大亏损,那么将亏损转给投资者也许有些好处,假定投资者可以用这些亏损抵消其他应税收入,从而降低了纳税额。这种情况有利于合伙企业或有限公司。相似地,如果企业预计产生大量的现金流,并将其作为一种为投资者创造价值的主要方式返还给投资者,那么,合伙企业或有限公司仍有吸引力。然而,如果企业以后需要现金投资,并且如果企业打算通过出让或上市收回价值,那么C类公司是最好的选择。

当然,企业在其存续时可经历多种形态。独资企业可以变成合伙企业,最后再成为C类公司。有限合伙企业可以变成有限公司,然后再成为C类公司。然而,每一转变都需要大量法律工作并成为企业所有者和管理层的行政工作负担。不同阶段的正确组织形式所带来的好处足以弥补这些负担。另一方面,快速增长的高潜力企业应避免浪费时间,集中精力迅速穿越这些环节。对它们来讲,公司形式几乎永远是最好的。公司可用股票和股权来吸引有经验的管理团队并节约现金。它们甚至可以用股票代替所有现金开销来支付咨询公司。而且,如果不组成公司,风险投资者不会有兴趣,因为风险投资人想要一部分所有权。

因此,如果你是创业者,在开始选择一种具体的组织形式前,想一想你企业可能经历的演变,并且在作这一重要选择前,去咨询一位合格的税收顾问或会计师。

小　　结

表3—1　总结列出了本章讨论的各种企业类型。

企业形式		
企业形式	主要优势	主要劣势
独资企业	● 组织运营简单 ● 一次征税	● 业主全部责任 ● 不能筹集外部股权资本,因而限制了企业的潜在规模

（续表）

企业形式

企业形式	主要优势	主要劣势
合伙企业	● 可带来人才和个人资本 ● 一次征税	● 合伙人全部责任 ● 资本仅限于合伙人个人资本与其借贷资本 ● 除非合伙协议另有规定，任何一个合伙人死亡，则企业解散
C类公司	● 理论上可以通过股份所有权吸引股权资本 ● 风险资本家偏爱的形式 ● 能够在报税时扣抵许多员工福利 ● 股东享有有限责任	● 建立与运营复杂 ● 收入双重征税
S类公司	● 类似独资与合伙企业，一次征税 ● 股东享有有限责任	● 建立与运营复杂 ● 股东人数有限 ● 风险资本家不能成为股东
有限合伙企业	● 有限责任 ● 一次征税	● 建立复杂
有限责任公司	● 比标准公司容易建立和运营 ● 成员责任有限 ● 一次征税 ● 潜在成员人数无限	● 不能吸引外部股权资本

创业者百宝箱

4 建立经营模式与战略

4 建立经营模式与战略

如何协同工作

本章主要话题包括：

- 经营模式解释企业的主要组成部分如何协同工作以赚钱
- 两个有力的经营模式的实例
- 战略如何产生竞争优势
- 制定战略并使其指导活动的五步过程
- 为什么必须要持续不断地进行战略思维

当你发现了一个赚钱机会并制定了利用这一机会的计划后，回答这三个重要问题：

1. 我们的新企业如何为顾客创造价值？
2. 新企业如何为我们和我们的投资者赢利？
3. 企业如何区别于竞争对手？

创业者应该能够给提出这些问题的人以简明的答案。如果你的企业还没有这些答案，这一章关于经营模式和战略的简要介绍将有助于你。

企业高管，咨询顾问和商务媒体经常不严谨地随便和泛泛地使用经营模式和战略这两个词。当被追问时，许多人不能给出这两个词的定义。不要成为他们的一员。作为企业家，你不能模糊地思考这两个重要而且非常不同的概念。正如本章阐明的，商业模式找出客户并描述你的企业如何能以赢利的方式满足客户的需要。而战略是关于你的企业如何以差异化的方式满足客户的需要。成功需要两者的结合。

你的商业模型

商业模型这一说法在 20 世纪 80 年代开始流行起来，这是在很多人开始使用个人电脑和电子表格以后的事。因为这些数码产品创新，企业家和分析人员发现他们能够很容易地给任何构想中的企业的成本和收入做出模型。模型一旦建立，只需敲几个键就能看到个别变化对年赢利水平的影响，例如，单价，利润率，以及供应商成本的变化。备考(预计)财务报表是制作商业模型的主要文件。到了网络公司热流行的时候，商业模型已经成了一个时髦术语。但是，多数人不能精确说出这个术语的意思。

从最基本的意思来看，商业模型描述的是企业计划如何赚钱。两位哈佛商学院教授，理查德·哈默梅什(Richard Hamermesh)和保罗·马歇尔(Paul Marshall)对这一基本定义进行了扩展。他们将商业模型定义为“一个公司为了获取利润所作的核心业务决策与妥协的总和”。这些决策和妥协有四类：

- **收入来源。**这笔钱来源于销售、服务费、广告等。
- **成本传递。**比如劳动力，购进用于转售的货物，以及能源。

- **投资大小。**所有企业都需要一笔可见的投资才能启动，并需要运营资金保持企业的运转。

- **关键成功要素。**根据业务不同，成功要素可以是推出新产品的能力，成功地在一定时间内接触到某种关键性的业务，等等。[1]

你如何用这些模型元素描述你的公司或业务理念呢？你是否已经确定了收入来源和成本因素了？你知道哪些成本是固定的，哪些成本会随着销售量而变化吗？你计算过启动与运营公司所需要的资金了吗？哪些元素对于成功是必须的？试着去明确地回答这些问题，找投资方之前先回答一遍。

管理咨询专家琼·玛格丽塔(Joan Magretta)在一篇2002年发表在《哈佛商业评论》上的题为"为什么说商业模型重要"的文章中，简单介绍了商业模型。她把商业模型看成是支持所有业务的价值链的某种变形。她写道："广义来说，这个链条有两部分。第一部分包括与做某种东西有关的所有活动：设计，购买原材料，生产，等等。第二部分包括卖出这种东西所涉及的所有活动：找到与接触顾客，达成交易，分销产品或送达服务。"[2]

你如何用玛格丽塔的定义描述你的企业？你的模型能讲述一个有逻辑性的合理的故事吗？如果你将你的模型放在一张预计收入表上，并有合理的对收入与开支的预测，这一模型可以赢利吗？

今天最强大、最赚钱的公司中有一些就是从商业模型中成长起来的，它们的商业模型在逻辑上完善而令人信服，在经济上潜力很大。我们看两个你可能熟悉的公司吧：戴尔电脑公司和eBay网站。这两个例子可以帮你搞懂商业模型的概念及其重要性。

案例:戴尔公司

在苹果(Apple),IBM,和其他一些生产商已经牢固地确立了在个人电脑市场上的地位以后,迈克尔·戴尔才进入个人电脑业。这些生产商通过转售商销售电脑,并保持大量库存以满足客户所期待的各种PC机配置的需求。这样做对生产商来讲成本很高,因为要给转售商很大的折扣。与此同时,每当新产品以惊人的速度引入时,库存产品已显得过时,电脑生产商在成品库存方面遭受严重损失。有一个估计说,电脑在成品仓库存放时,每天贬值2%。

戴尔的商业模型避免了这两个影响利润的问题。正如大家所知,戴尔找到了目标市场(那些有足够知识的电脑使用者,他们不需要商店销售人员手把手地教),并直接向这一群体销售,省掉了中间商的成本。同时,他设计了一种商业做法避免了成品库存的成本。多数情况下,戴尔只生产公司已拿到订单(并且已收到货款!)的电脑,并且是按订单配置生产电脑——这是一个重要的竞争优势。戴尔的成品电脑没有躺在仓库,不断贬值地等待顾客的订单;这些电脑正在驶向顾客的送货卡车上。通过快速而灵活的零件商和即时生产的组装商的参与,这种商业模式促进了按订单生产的方式。

戴尔商业模式的一个更加显著的方面是在生产订货前预收货款。没有要占用流动资金的30天到60天的应收货款。也没有坏账。相反,公司将传统的现金转换周期倒了过来,马上收取顾客的付款，然后30天以后再给其供应商付款。

案例：eBay网站

eBay是一家网上拍卖公司，成长于一种更简单的模式。像电话公司一样，eBay创造了一种基础设施供人们彼此交流，收取少量费用。其基于网络的包括软件、服务器和行为规则的基础设施造就了一个买卖双方相遇和交易各种物品的社区。这些物品既有猫王艾尔维斯（Elvis）的纪念品，也有二手保时捷汽车（Porsches）。公司本身不参加交易，因而避免了其他企业所要承担的成本。作家戴维·邦内尔（David Bunnell）写道，eBay“不负责拍卖的物品，不负责收取买家的付款，也不管发货。它的唯一职责是保持拍卖程序的严谨，以及使拍卖成立的信息链接，然后开单向卖家收费”。[3]

作为一个产生收入的机制，eBay模式很简单。eBay的收入来源于卖家的交费。这些收入要扣除建立和维护网络结构的成本，通常的营销活动，产品开发，保证运营的一般和管理成本，以及吸引买卖双方到网站的成本。扣除成本后的净值就是eBay股东的利润。

除了简单可行外，eBay模式最有力的一点是人数不多的拿薪雇员和外购合作伙伴能够处理巨大的不断增长的业务量。此外，交易量（以及收入）的翻倍只需要增加少量的投资就能实现。软件和服务器干了重活。这为eBay商业模式增加了力量。公司主要依赖固定成本而不是可变成本给公司提供的巨大运营杠杆作用，使其不断增加的收入的大部分变成了公司利润。

测试你的商业模式

你对你打算成立的企业的商业模式知道多少？在你投入更多时间和金钱之前，要确保你的模式清晰，完整，并且符合逻辑。特别要注意这几点提示：

- 要非常清楚你的收入来源和你的产品或服务对顾客的吸引力。
- 列出所有的能为客户创造价值的必须完成的任务，可由你自己来做或是交给外部合作方来做。
- 通过估算收入数额与相关成本，将你的商业模式转换成数字。

做完这些事情以后，把你的模式用做思考工具。找一找缺点。请信得过的、有经验的朋友评估你的商业模式的可行性。测试一下其组成部分。例如，做市场调研以证实你的收入预测；考察你的目标顾客对你的产品或服务的兴趣程度，并了解他们是否愿意付费使用。如果这一模式需要外购价值链上的某些特别活动，确认有这种外购来源，并且你付得起其成本。创造性地思考价值链上的主要任务如何能做得更好——通过生产质量更高的产品，创造更大的顾客便利，实现更快的送货，或者降低成本。在有些情况下，只在一件关键性业务上能做得更好就是商业成功的门票。

战　　略

商业模式可以帮你和任何你所接触的投资人搞懂你的企业做什么，以及企业的各关键部分如何组织在一起。但是，一个构思良好和有希望的商业模式只是成功的一半，因为没有考虑到市场竞争。对付竞争是战略负责做的事。战略，实际上，是赋予一个企业差异化，并给予其竞争优势的一套计划。成功的企业拥有牢固的商业模式和优秀的战略。

波士顿咨询集团的创始人布鲁斯·亨德森（Bruce Henderson）曾写道，竞争优势在于差异："你和你竞争对手的不同就是你优势的基础。"[4]亨德森相信，如果两个竞争对手选择同样的方式做生意，则无法共存。为了生存，他们必须差异化。他写道："每个企业必须有足够的不同才能有独特的优势。"例如，在一个街区上有两个男装店——一个卖正装，另一个卖休闲服装，他们可能可以共存和繁荣。然而，如果这两家店按同样条件卖同样的东西，其中一家将会消失。而其中一家如果通过价格、产品组合或氛围使自身差异化，则有更大生存的可能。哈佛商学院迈克尔·波特（Michael Porter）教授对此也有相同的看法："竞争优势就是关于不同。这意味着故意选择一套不同的行动以产生一套独特的价值组合。"[5]看看下面的例子：

- 西南航空公司成为北美利润最高的航空公司不是靠模仿

竞争对手。它运用低票价、更多的航班、点到点航班，以及顾客满意服务进行差异化经营。

- eBay 建立了一种全新的供人们买卖新旧货物的方式：网上拍卖。公司创建者的目标是提供与分类广告、跳蚤市场和正式拍卖同样目的的服务，但使其简单，有效，范围更广。

- 丰田开发两用发动机轿车 Prius 的战略就是在汽车购买者的一个重要的购买层创造竞争优势：这个购买层想要环保型汽车，便于操作的汽车，或者是汽车技术中的最新产品。丰田公司还希望通过引入 Prius 的经验在一个未来有广阔潜力的技术上能够领先。

战略可以基于低成本领先优势，技术差异，或者专注一点。也可从战略地位理解战略。迈克尔·波特认为战略地位有三种来源，这些来源有时互相交叉：[6]

- **基于不同类别的定位。**这里，一家公司选择某一行业一类产品或服务的某个较窄的子类。如果公司可以比竞争者更快更好，或成本更低地提供产品或服务，那么这种战略就能成功。例如，星巴克在方便顾客的地点开店提供优质咖啡。星巴克不卖早点或三明治。顾客可以在别处买到这些产品。星巴克的专注点是咖啡。

- **基于需要的定位。**遵循这种方法的公司，据波特讲，目的是服务于一个可确认的顾客群的全部或大部分需要。这些顾客可能对价格敏感，可能需要更多的关注和服务，或者可能根据需要定制独特的产品或服务。例如，USAA 是一家金融服务公司，只服务于现役和退役军官及其家庭。为这一群体服务了几十年,USAA了解这个群体独特的银行业务,保险和退休需要。而且,它知道如何处理这样的情况:军官经常在世界各地调动岗位,并经常长时间被派到偏僻的地点,在那里他们无法回复每月的账单。

- **基于接触的定位。**有些战略是基于与顾客的接触。例如,一个折价商品连锁企业可选择将店面全都设在低收入的社区里。这样减少了来自郊区的购物中心的竞争,并且为目标市场的低收入顾客提供了就近的便利,这些低收入顾客很多人没有汽车。与此相反,克拉克·巴雷尔故乡商店(Cracker Barrel Old Country Store)将其餐厅/礼品店的地点选在美国高速公路网的沿线,服务于旅行者。其网站甚至包括一份“旅行计划安排”,标明了来回驾驶路线旁的所有克拉克·巴雷尔店的地点。

你获得竞争优势的战略是什么?你的战略能使你的公司与众不同从而把顾客从对手那吸引过来吗?能吸引新顾客进入市场吗?能给你可见到的优势吗?

仅仅是不同当然不能使你生意不倒,不同之处必须被看做有价值。顾客以不同的方式定义价值:更低的成本,更大的便利,很好的可靠性,很快的交送,或者更多的审美情趣。可以罗列的令顾客高兴的“价值”项目相当长。你的战略想给顾客什么价值?能做到吗?

弗雷德的商业模式

回想一下本书提到的弗雷德的两用车维护中心。弗雷德，一家新型两用车经销商的服务经理，看到了汽油电力两用车修理与维护的赢利业务，特别是在汽车生产商的质保到期后。他的蓝图与各地汽车修理厂所使用的基本上是一致的：

1. 发展客户的办法是当地在做广告，在修理厂召开小型的研讨会，为这种独特但渐渐流行的车的车主提供信息。

2. 发展内部能力以诊断和修理主要生产商的损坏和功能失常的两用车。

3. 与几家地区分销商建立更换配件的管道。

4. 与顶级车身修理厂和汽车空调服务公司建立外购关系，这样公司员工能集中解决技术问题。

这就是弗雷德的挣钱模式。他的两用车修理工作经验和管理经销商服务部门的经验使他成为定价和成本管理细节的专家。他将不同类型的维修在电脑电子表格中做出模型，然后加入已知的劳动力成本、零件、设备贷款、租金和管理费，他相信用 5 个员工和每年 8,000“服务小时”（每年大约 40 个星期），就能达到盈亏平衡。超过盈亏平衡点的工作将会带来利润。弗雷德已在预计收入报表中算出了这些数字。

制定战略的步骤

这里是你可以遵循的制定战略的六个步骤。这些步骤包括审视你公司的内部和外部，思考当威胁和机会出现时如何应对，建立战略支持活动的良好配合，根据目标协调资源，以及组织实施。

第一步:巡视外部以找出威胁和机会。

在最高层面,战略是指分析外部环境并决定如何分配公司财务资源、人员和能力以建立可利用优势。外部环境中总是存在威胁:新来的竞争者,人口特征的变化,供应商停止供货,你的客户可能会转向使用替代品,宏观经济趋势可能削弱你客户的付款能力。你头脑中的生意可能会受到竞争者的威胁,因为其可以以低得多的价格生产同样品质的产品,或以同样价格生产出更好的产品。必须有战略应对这些威胁。

外部环境也孕育着机会:一项世界级的新技术,一个空白市场,等等。所以,问自己这些问题:

- 我们经营所必须面对的经济环境是什么?
- 我们面前存在什么可采取行动的赢利机会?
- 与各种机会和潜在行动相关的风险是什么?

第二步:审视内部资源,能力和做法。

资源和内部能力可能会制约你的战略选择,尤其对于人员和固定资产不多的新创小企业。这也在情理之中。例如,开发一块空白的电子产业市场也许不可行,如果你的公司没有必要的资金和人员专业技术。只有有了合适的人员和其他资源的支持,一个战略才会成功。所以,问问自己这些问题:

- 作为组织,我们的能力是什么?相对于竞争者,这些能力赋予了我们怎样的优势?
- 什么样的资源支持或制约了我们的行动?

第三步:考虑应对威胁和机会的战略。

克莱·克里斯坦森(Clay Christensen)建议战略家先按优先次序列出他们发现的威胁与机会(他称其为竞争的"多种驱动力量"),然后粗略地讨论每一项。如果你遵循此建议并发展战略应对威胁与机会,一定要做下列事情:

- 制定多种选择。一般做事不止一种方法。在有些情况下,两个战略的最佳部分可以结合形成第三种更强的战略。

- 检查确认所有的事实情况,对所有假定提出疑问。

- 一定会缺失某种信息。决定你需要什么信息以更好地评价一个具体的战略。然后去找到这信息。

- 请你认识的最聪明的人仔细检查主要的战略选择。这样做将帮助你的团队避免群体趋同思维。

第四步:建立战略支持活动的良好配合。

迈克尔·波特指出,战略不仅是赢得客户的蓝图;战略是将活动组成链条,其环节互相支持从而有效地把模仿者锁在门外。[7]他用西南航空公司来说明配合这一概念。

西南航空公司的战略基于迅速的机场往返。迅速往返使其可以更频繁地起飞,因而更好地使用其昂贵的飞机资产。这反过来又支持了其提供给顾客的低成本和高便利服务。因此,每一项活动都支持其他活动和更高的目标。这个目标,波特指出,又被其他关键活动支持,关键活动包括高度负责和高效的登机口工作人员及地勤人员,无饭菜供应政策,以及不做跨航线行李转送。这些活动使快速往返成为可能。"西南战略",波特写道,"包括一整套系统活动,不是部分的集合。西南航空的竞争优势来自于各项活动的配合和相互支持。”[8]

第五步:建立人与事的协调。

在开发了一个满意的战略后,你的工作只完成了一半。另一半是建立公司和战略中的人与事的协调。协调是一个条件,公司各级员工都(1)要明白公司战略,(2)要懂得其在战略实施中的角色。协调是一件强有力的事。要确保它能为你有利地工作。

协调也包括其他资源。市场营销必须聚焦于正确的客户——即在战略中定义出的人。报酬与奖金要与促进战略的行为和表现相一致。并且,物质资产的安排要与组织的最高目标保持一致。

第六步:准备实施。

一个强大的战略是软弱无力的,如果你的组织并不准备有效实施。不幸的是,有些人沉浸在他们战略的细节中,而忘了实施战略的下游活动。新创企业的一个优点就是可以从一张白纸开始。有了战略后,你可以围绕战略自由组织:雇用有必要能力的人员,购买合适的设备,设置这些资源,等等。加利福尼亚大学洛杉矶分校的小艾尔弗雷德·E.奥斯本说:“我想到4S:结构跟随战略(Structure follows Strategy),人员跟随结构(Staffing follows Structure),你用系统把战略凝结在一起。”[9]

准备面对变化

创业公司的初始战略常常不能击中目标。顾客不重视你的差异化——或者他们没有像预期那样作出反应。或者公司在选择目标客户时犯了错误。这些失败会发生，因为在某种程度上，每个新创企业都是一个试验。试验结果甚至会使最好的规划者大喜过望或大失所望。例如网上货车的创建者和投资者认为一项基于网络的日用品送货业务对于富裕的，精通网络的，时间匮乏的家庭是一个极佳的主意。但是那些顾客却止步不前，不愿以更高的价格购买每周用品。对他们来讲，这额外的便利不值这么多钱。

面对一个令人失望的战略，创业者的解药是：(1)愿意承认坏的消息，(2)修改战略快速反应。认识错误需要有承认错误的能力。作出反应需要大力找寻出错的内容，作出调整灵活地进行，然后重新去做。成功的企业家娴熟于这两种事情。他们还是渐进法的大师，也就是说，如果他们发现某种做法有效，就会继续那样做。如果他们在一个小的缝隙市场取得成功，他们则用他们已有的资源和学到的东西进入另一个缝隙市场——按照需要改变产品或服务。

如果你的企业目标是竞争力和赢利，一个有力的商业模式和有效的战略必不可少。尽管市场会最终检验这两个重要概念，但创立企业之前，你应该检验和证实你的每一种想法。把你的商业模式和战略讲给尽可能多的你信任的和有经验的人。他们可能会发现你漏掉的可改进的缺陷或机会。

弗雷德的两用汽车养护中心战略

战略就是关于不同，选择一套不同的活动传递给顾客一种独特的价值组合。我们看一下假想的朋友弗雷德和他的汽车修理和保养厂的战略。

很显然，弗雷德进行了企业差异化。每个小镇每个城市都有很多汽车服务企业，但是一个专业维修两用车的企业还是很不同的。弗雷德可用这一独特性吸引顾客的注意和认识。你几乎可以听到所做的广告了："如果你的两用车需要保养或修理，把它交给两用汽车养护中心的专家们吧。他们不仅能把工作做好，并且通常会比经销商的价格更低。"

弗雷德也必须提供更多的专业技术和高质量的工作。为了做到这一点，弗雷德必须获得各种合适的资源，并对这些资源进行协调安排以支持其独特的服务。例如，他们必须雇用或培训修理工，这样他们才能真正知道如何处理两用车的特殊问题。他还必需购买两用车所需的工具和检测设备。

小　　结

- 商业模式描述企业的收入来源，成本推动因素，投资规模和成功要素。
- 战略使企业差异化，以拥有竞争优势。
- 按照迈克尔·波特的说法，战略定位可以是基于类别，基于需要，或基于接触的定位。
- 形成战略的五个步骤是：(1)巡视企业外部以找出威胁和

机会,(2)审视内部资源、能力和做法,(3)考虑应对威胁和机会的战略,(4)建立战略支持活动的良好配合,(5)建立组织中人与事和战略的协调。

● 新创立的企业应被看做是一个试验。如果试验没有产生期待的结果,准备改变,而且要快。

5 书写商业计划

5 书写商业计划

基本知识

本章主要话题包括：

- 为什么你需要一份商业计划
- 格式：告诉读者想要知道的
- 执行摘要的重要性
- 如何处理计划的每一部分
- 可以使要点突出的体裁特点

商业计划是一种企业文件，用以说明商业机会，指出所服务的市场，并且提供细节说明企业如何利用机会。理想的状态是，商业计划描述管理团队为新企业带来的特别的资质能力，说明成功所需的资源，并对一个合理的时间跨度进行结果预测。

每个企业家都被鼓励写一份商业计划，大多数人也采纳了这个好建议；没有采纳的人很快就知道没有商业计划几乎不可能获得外部资金。贷款方和投资方在冒险投入资金前，想看到一份合乎逻辑的条理分明的计划。谁不想这样呢？

不幸的是，很少有企业家有撰写文件的技巧，这些技巧要求同时满足下述条件：(1)以最佳的方式描述企业，

(2)避免把令人激动的机会埋在成堆的数据中,(3)吸引阅读,(4)给可能的投资方提供决策所需要的信息。

在主要城市和网上有很多商业计划服务机构,能够帮助你完成一份文件。花 1200 美元或再多些,这些咨询师会和你处理你的信息和工作,生成一份完整有吸引力的计划。还有很多自助软件帮助书写商业计划。然而,这些计划的好坏取决于你的主意和预测的好坏。商业计划不能替代作为好的商业计划的实质性思考,这也是有些专家建议企业家控制全部工作的原因。

这短短的一章不能给你所有关于如何书写赢得投资的计划的信息,也不能提供计划的每一章节所应包含的细节。在本书的"扩展阅读"部分,你能找到其他有关书和文章帮你完成计划的细节。本章旨在阐述商业计划的重要目的,并说明读者在他们接触的众多商业计划中想看到的要点。如果你不擅长写作,最后关于文体的一节会有助于你表达出要点。

商业计划的目的

问问任何一个企业为什么需要一份好的商业计划,你可能会得到这样的回答:"没有商业计划你不能得到融资。"这很对,也说明了为什么有那么多书、咨询服务、软件,甚至 MBA 课程帮助人们书写无懈可击保证成功的商业计划。很多著名 MBA 课程和风险资本家甚至举办比赛,为能写出最令人信服的商业计划的人融资。最优秀最聪明的学生踊跃参赛，希望毕业时既取得学位又拿到创立新企业的资金支持。

的确，一份坚实的商业计划对于任何想寻求外部资金的企业必不可少，无论资金来源于银行、“天使”、风险投资人，甚至是亲戚。没有好的计划，贷款人和投资人不会把你当回事。他们的结论（可能正确）是你还没有找到顾客，或找到与他们做生意的赢利办法。最大度的融资人会说：“当你有了完整的商业计划后，再来见我们吧。”不太宽容的人不会再看一眼你的生意。

但是寻找融资不是书写坚实的商业计划的唯一理由。还有其他的理由：

- 书写计划本身会促使你和你的团队想清楚你的生意的所有主要因素。
- 阅读你首份计划的值得信赖的有经验的外部人士会帮你发现弱点、遗失的机会、没有支持的假设和过于乐观的预测。在纸面上发现和解决这些问题可以提高融资的可能，并且会降低未来经营失败的可能。
- 一个坚实的计划是你头一两年经营企业的蓝图，它可以增加你成功的可能性。计划告诉你有多少钱用于人事、广告和其他开支。计划将列明目标顾客和成功要素。
- 计划的财务预测可以用做预算。如果实际结果未达到计划结果，这将提醒你调查并采取改正措施。

商业计划的这些不同的目的提示你的计划要适合特定的目的。计划的目标读者决定计划的写法和格式。

建议的格式

很多风险投资企业每年审查一千份以上的商业计划，只为几份提供资金。这意味着他们没有时间去探究你想说的内容。他们也没时间应对不能给他们提供所需信息的人。银行和投资天使也是如此。假设你有一个有价值的主意，如果你能抓住和保持读者的注意力，你将增加成功的可能。要做到这一点，你必须相当有组织地分析读者所关心的问题。

图 5—1 是一家公司的典型计划格式。我们称这家公司低碳化物食品公司(Lo-Carbo Foods Company)，它是一家生产含低碳水化合物包装早餐和快餐的企业。这家公司的目标是利用北美和欧洲逐渐流行的低碳水化合物食物结构来赢利。公司的研究估计有 2,900 万美国人和 800 万欧洲人正在使用低碳食谱，美国政府的研究表明这种食谱在减肥和控制体重方面有效。

图 5—1

典型的商业计划格式

低碳化物食品公司商业计划

1. 目录
2. 执行摘要 …… 2
3. 机会 …… 5
4. 公司及其产品(或服务)及战略 …… 12
5. 管理团队 …… 15

这个所列出的格式没什么神奇的地方。实际上,聪明的办法是你按照你的读者可能的兴趣制定格式,就像你找工作时要根据情况制定简历。所以,你应遵循各种写作形式的首条规则:了解读者。每件事的目的都是给读者提供决策所需的信息。(如果需要另一种格式和计划书写诀窍,见 CIT/SBA 指南,网址:www.smallbizlending.com/resources/workshop/sba.htm,或参考本书“扩展阅读”一节中列举的合适的出版物。)

下面让我们更仔细地看一看本文件的每一主要部分。

目录与执行摘要

目录便于读者一目了然地看到计划的内容和位置。

目录下边是执行摘要,是两到三页的短短一部分。从把你的计划卖给财务支持者的角度来看,这是整个文件中最重要的一部分,所以要花些时间把它做好。执行摘要不是序言或介绍;而是全部计划的缩影,几分钟便可向一个聪明的读者讲清你的业务。撰写良好的执行摘要可以抓住读者的兴趣点和注意力,并使他们作好阅读下文的准备。

机会

除非企业家发现了有利可图的机会，否则他们没有必要去创立或拓展一个企业。用这一部分来描述机会：推动机会的市场因素，机会现在的大小，以及未来几年可预测的机会的大小。要点是让读者看到和欣赏你发现的这一商业机会。因此，要清楚有说服力地描述这一机会。

例如，对于低碳化物食品公司来说，你可以用这一部分描述美国与西欧普遍存在的肥胖的最新情况。你也可以指出研究估计有 2,900 万美国人和 800 万欧洲人正在使用低碳食谱，并且你可以举出独立的科学研究证实了这种食谱的有效性。也可以在这里提供一份消费者在健康食品和体重控制食品开支方面的概述。

再用这部分重点提示机会下的经营数字，以及可以推动机会成功的例如市场渗透，产品创新等因素。但是不要过于详尽。保持简明，集中与乐观。

这个位置也适合提出所需资金的大小，并说明资金在利用机会时如何使用。例如，低碳公司的计划可能包括这样的内容：

低碳公司寻求 275 万美元以利用这一机会。资金的主要部分用于拓展当前的成功业务，以及使一家全国性的高蛋白/低碳水化合物销售商对公司现有产品保持日益浓厚的兴趣。

尽管用客观数据描述机会很重要,但不要把这一部分变成烦人的"数据堆"。不要把你的令人信服的计划埋藏在成山的事实下。相反,总结数据,并向投资方解释数据的意义。把具体资料放在附录里。

公司、产品(或服务)和战略

用这一部分描述公司,说明其如何组织,及其基本目的。这里有一例:

低碳公司是一家位于科罗拉多州的公司。成立于2001年,目标是服务于人们对高蛋白/低碳水化合物食物不断增长的兴趣。其经验丰富的管理团队开发并试销了几种低碳水化合物产品,主要是早餐和快餐。这些产品不仅碳水化合物含量低;试验已经证实产品味道好而且令人满意,这一特征使产品区别于其他低碳水化合物食物。产品如下:

- 醇香早晨(Mellow Morning),这是一种全麦和全大麦早餐谷类食品,碳水化合物含量比主要品牌的传统谷物早餐低48%。醇香早晨符合主要低碳水化合物食物的规格。
- 脆皮饼(Crackle Brackle),一种酥脆的早餐和烤制的燕麦产品。和醇香早晨一样,脆皮饼符合主要低碳水化合物食物的规格。
- 老朋友低碳玉米片,公司产的玉米粉圆饼。符合主要低碳水化合物食物的规格,而且口味好,令人满意。

这几种产品在市场测试中很受欢迎(细节见附录),并正在通过两家地区健康食品店销售:营养市场连锁店(Nutrimarket Stores),以及快乐山谷农场(Pleasant Valley Farms)。其他产品正在开发。

目标。别忘了加上一小节说明公司的目标和商业战略。投资者想知道你打算如何增长。如果公司有可能成为一家更大的但不太擅长创新的竞争者感兴趣的收购目标,提一下这种可能。看这个例子:

低碳公司有三个目标:

1. 拓宽产品线。

2. 通过商店和与一家主要的低热量饮食公司的贴牌协议(目前正在谈判)加强市场渗透。

3. 拓展业务使公司成为低碳水化合物食品缝隙市场中占优势地位的企业,或者被一家包装食品业中的大公司收购。在这一行业,有一两个成功产品的小公司常被高价收购。

如果你公司的产品还没有上市,你应该说明铺开产品的计划。还要加上最终有形产品的艺术描述。如果你的产品已经上市,不仅要做文字描写,还要附上高质量的图片。

你的战略。在本部分或另一部分讨论公司战略。战略讲的是差异化和竞争优势。说明你公司做市场的方法有何不同,以及这一不同如何使公司有持久的竞争优势。差异可能在于产品或服务,例如,一个技术先进,给顾客更大价值的半导体。或者,差异可以是对待顾客的方法,例如,戴尔最初决定直接卖给用户定制的个人电脑,绕过了零售渠道。

在顾客眼中,什么使你的产品,服务或送货方式不同——并且更受欢迎?这一不同如何变成竞争优势以产生利润和使资产值不断增长?投资者需要关于这些问题的清楚的答案。在这里详细说明。

所有权。这个"公司"部分也是提供所有权信息的合适位置:

- 谁是目前的所有者,他们控制的百分比是多少?
- 所有权如何证明,例如,是用普通股和优先股吗?
- 发行过能扩大所有权的期权、权证,或可转让债券吗?
- 哪些所有人参加企业的日常运转?

管理团队

投资者很想了解企业的经营人员,他们把经营人员看做关键资产。具体说,经营人员给企业带来什么样的经验和资质?"当我收到一份商业计划,"比尔·萨尔曼(Bill Sahlman)教授(也是业内经营人士)写道,"我总是先看简历部分。不是因为做新企业的人这部分最重要,而是因为没有合适的团队,其他部分实际已不重要了。"[1]

关于知识产权

你的竞争优势是基于专有技术或工艺吗？这项专有技术或工艺取得了专利或可申请专利吗？公司拥有专利，版权或有价值的商标吗？如果有，何时到期？

很多企业围绕一件或另一件知识产权而建立。有些知识产权是关键资产，在一段时期内影响竞争优势。你的商业计划的读者想知道你采取哪些步骤保护知识产权，使技术和市场诀窍不散溢到本组织以外的地方，以及知识产权在哪些方面为投资者带来收入和利润。

每一个商业计划要回答的 14 个人事问题

- 创立者是哪里人？
- 他们在哪接受的教育？
- 他们在哪工作过？为谁工作过？
- 他们过去在职业和个人生活中取得过什么成绩？
- 他们在商界的信誉如何？
- 他们有什么样的经历与正在利用的机会直接有关？
- 他们有什么技术、能力和知识？
- 他们对企业成功的可能性及将面临的曲折有怎样的现实态度？
- 团队中还需要谁？
- 他们准备好吸引高素质人才了吗？
- 他们将如何对待逆境？
- 他们有勇气做出必要不可避免的艰难选择吗？
- 他们对本企业有多少执著奉献精神？
- 他们的动力是什么？

来源：William A. Sahlman, "How to Write a Great Business Plan," *Harvard Business Review*, July-August 1997, 101。

下边是低碳公司对其人员的介绍：

管理团队的组成人员有：乔安妮·盖洛韦(Joanne Galloway)，菲利普·林得斯特伦博士(Philip Lindstrom)，冈特·施瓦兹(Gunter Schwartz)和卡洛斯·塔拉维拉(Carlos Talavera)。他们一起把出色的技术专长和经营经验带给企业。

- 乔安妮·盖洛韦有15年包装食品公司的产品和一般管理经验，来本公司前在巨人食品公司(Gigantic Foods)工作。
- 菲利普·林得斯特伦有营养学博士学位。他2002年加盟本公司，之前曾在庞大食品公司(Behemoth Foods)产品开发部工作过10年。
- 冈特·施瓦兹，团队的生产专家，在庞大食品公司和食品科学实验室(Food Science Laboratories)从事过12年的加工食品业工作。食品科学实验室是一家按合同从事研究的组织。冈特·施瓦兹先生的成就之一是用于生产的速吃牌(Snackarinos)和热能牌(Caloritos)挤压工艺，庞大食品公司拥有这两个非常成功的包装速食品品牌。
- 卡洛斯·塔拉维拉曾任著名包装食品公司康调公司(Healthtone)营销副总裁，他离开了康调公司与盖洛韦和林得斯特伦一道创建低碳公司。

注：完整简历见附录。

多数商业计划用组织结构图来表明主要人员的负责关系。列出一个说明姓名、职务和薪金的表格也很有用，如表5—1所示。

假定你的企业是一家公司制企业，这一部分也适合指明董事会成员。你应写明董事会成员的姓名，他们在董事会中的职务，他们的专业背景，以及他们与本公司相关的历史。

市场营销计划

如果你的商业计划中，“人事”部分最吸引读者注意力，那么市场营销计划紧随其后，排在第二。投资者知道，市场营销是与成功失败关联最紧的活动。一个有吸引力的产品或服务必不可少，但是如果公司不能联系顾客，那也将失败。一个扎实切实的营销计划最好地保障牢固的顾客关系。计划应说明营销的一切侧面，包括以下内容：

- 确任顾客群
- 潜在顾客人数和潜在销售收入
- 不同顾客群的要求
- 购买便利，快速送货，产品定制等方面对于这些群体的重要性
- 有效接触每一群体的方法——通过分销商，专业销售力量，直接邮购，电子商务，或其他
- 合适的销售和促销方式
- 对于如何作出购买决定的分析
- 顾客价格敏感程度
- 获得和保留顾客的成本
- 竞争者的强项和弱项，以及当公司进入市场时，竞争者可

能的反应

表 5—1

低碳公司关键人员		
	职位	薪水
乔安妮·盖洛韦	CEO	$85,000
菲利普·林得斯特伦	产品开发副总裁	$75,000
冈特·施瓦兹	生产副总裁	$75,000
卡洛斯·塔拉维拉	销售营销副总裁	$75,000
爱德华·约翰逊(Edward Johnson)	金融顾问	按日计酬
黛安娜·沃尔夫(Diane Wolfe)	行政助理	$40,000

董 事 会

法律规定,每个公司必须有一个董事会。创业者在选定董事会成员时可以比法律做得更多。董事会不应该仅仅是几个人的组合。相反,董事会应是有效考查建议的平台,而且是睿智建议的来源。

选定董事会成员应是一件最重要的事情。你想要的是有丰富商业经验的人员,而且,如果科技对企业必不可少,成员还要拥有相当多的科学或工程专业知识。董事会成员也应是在更广大的商界受尊敬的人士。对于阅读你商业计划的人来说,尤其是金融家来说,董事会成员的能力和人品将有足够的影响力。

要使你的计划可信,需要坚实的市场情报支持这些信息。在这把相关的市场情报总结一下,并建议读者阅读我们在附录里提供的市场研究。

经营计划

无论你的业务是设计产品,生产产品,分销产品,还是经营电子商务网站,你都面对一大堆经营问题。你现有或预想什么样的供应商关系?需要多少库存?如果你是生产商,你是做一个环节还是一套流程?哪些日常经营琐事要内部处理,哪些可以外派?

经营计划考虑的是将投入转化成顾客认为有价值的产出中的很多细节。你的计划是什么?

财务计划

如果公司已经在经营,就会有(或应当有)一套财务报表:平衡表,收入表,现金流表。[2]简单地说,平衡表描述公司在某一日期拥有什么,也就是公司的资产,并且这些资产是如何通过融资(通过负债和当前所有人资金)取得的。

收入表显示公司在一段时期内的收入,为获得这些收入进行的开支,以及所缴纳的税款。最后,现金流表告诉读者在同一时期现金的来源和使用。这三张财务报表一起向潜在投资者训练有素的眼睛展示了很多内容。(注:如果你不熟悉这些报表,附录 A 有简要的解释。)

一般来讲,最好把完整的财务报表放在你商业计划的附件里。把报表的关键数据在附件中展示出来,这些数据为你的读者描绘了你的业务和未来发展的全景。这些关键数据包括你的销售和开支预测。在本书前面的章节作为预计收入表介绍过。对于一家像低碳这样的公司，读者会对表中主要项目的分类统计感兴趣，例如来自于不同分销渠道的预期收入，如表 5—2 所示。这里，我们看到按渠道划分的预期销售额和销售增长，以及每一渠道的销售额百分比。

表 5—2

按分销渠道进行的销售收入预测（单位：千美元和销售百分比）

	2005	%	2006	%	2007	%
净销售						
健康食品店	112	100	160	80	200	38
超市	0	0	40	20	80	15
私有品牌业务	0	0	0	0	240	46
全部销售额	112	100	200	100	520	99

表 5—3

市场营销开支预测（单位：千美元和销售百分比）

	2005	%	2006	%	2007	%
市场营销开支						
销售佣金	11	10	20	9	52	9
调研	70	63	80	36	85	15
促销	20	18	32	15	50	9
全部开支	101	91	132	60	187	33

考虑同样地列表说明经营开支主要大类，例如市场营销成本，如表 5—3 所示。

很自然，这些预计报表中的销售预测和其他项目基于一些假设条件。有经验的投资者十分清楚这一点，并且想知道那些假设条件是什么，以及你为什么做这样的假设。使这些成为你讨论的部分内容。

文　体

每个商业计划都是文体和内容的结合。企业家不是文字师傅，多数重视内容而忽视文体。这很不幸，因为不重视文体使计划乏味难读。

一个解决办法是和一位有商业计划撰写经验的写作人一起工作。另一个办法是自己当文字师傅，并遵循正确写作的规则：用词精练，句子简单，最大化地发挥格式的作用，审慎使用图表。

图形化表达盈亏底线

有些人善于从文字资料学习。其他一些人善于从言语中学习。还有一些人（包括我们中的多数）从图画和数据的图表演示来学习。所以，用图表总结你的财务数据是一个好主意。

哈佛大学的比尔·萨尔曼教授提出这里所示的正现金流时间图。这张图帮投资者一眼看到负现金流的预计深度和时间长度，也可看到投资和潜在回报的关系。萨尔曼说："不用说，理想状态是及早和经常有现金流。但是多数投资者会被图吸引，即使流出资金既高又长，只要流入资金更高更长。"

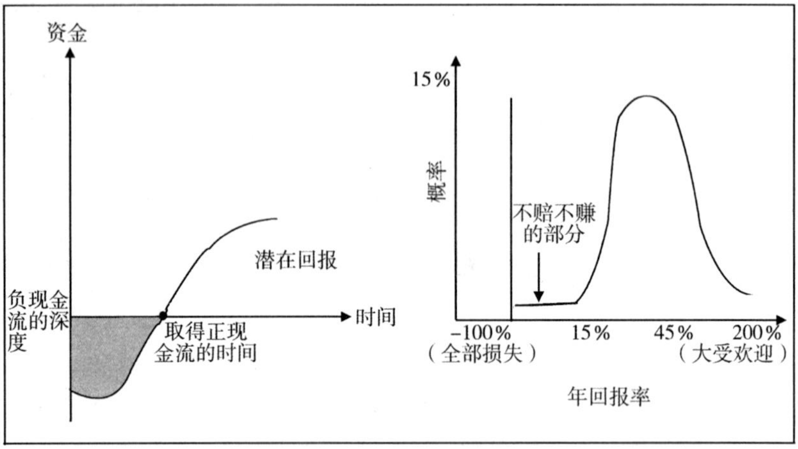

来源：威廉·A. 萨尔曼，“怎样撰写出色的商业计划，”《哈佛商业评论》，1997年7月—8月号，104。

用词精练

在商业世界，短一定更好，如果短也能传达所要求的信息。因此注意斯特伦克（Strunk）和怀特（White）所写的不朽著作《文体要素》（*Elements of Style*）中的第17条规则，省略掉不需要的字词。

严谨的写作要简洁。句子不应该包含不需要的字词；段落不应包含不需要的句子；同理，一张图不应有不需要的线条，一部机器不应有不需要的部件。这并不是要求作者所有的句子都要短，或要求作者避免所有细节而只以大纲方式处理主题，而是要求每个字都传达有用信息。[3]

这段引自斯特伦克和怀特，其本身就是他们规则的完美样板。他们没用不需要的字；每个字都有贡献。节约用字对商业计划的写作者有两大好处：你的主要信息突出，用词简练节省了你读者的宝贵时间。

使用简单句

句子是文字表达的基本单位。多数句子是陈述句。陈述可以简单或复杂。看看这两句：

1. 低碳水化合物食物越来越受欢迎，这为低碳水化合物食品生产商创造了一个商业机会。

2. 一方面，我们看到在北美和西欧儿童和成人肥胖程度不断上升，这导致低碳水化合物食物日益受欢迎，这继而为低碳公司和其他生产低碳食品的生产商创造了机会。

第一句话与第二句不同，简练并切中要点。更可能给读者留下印象。第一句不包含第二句中的所有信息。如果这一信息重要，应该在另一句话中陈述。

把更多信息塞进一句话不一定是坏事，如果做得恰当也不违反语法规则。然而，复杂的句子使读者读起来更难，也可能导致混乱。作为作者，你面临的挑战是要知道一句话何时已达到其最大的承载能力了。

使用格式因素减轻读者负载

你的商业计划的读者很忙，他们学会了快速浏览；他们只挖掘相关细节。通过使用格式因素,你可以方便他们快速浏览。格式因素包括标题,小标题,短文字块。甚至空白也可以用作格式因素。这些因素在长文件中有用。审慎地使用,这些因素可以

- 使你写的文件更吸引读者
- 帮助读者更好地理解
- 有助于读者快速阅读

使用标题和小标题。标题和小标题显示一个新的或相关的话题就要开始。它们使你的文章看起来更舒服,并更有"浏览性"。你也可用标题和小标题阐述主要思想。例如,这一段的标题"使用标题和小标题"也是一个主要思想。一个时间紧张的读者,只要阅读这些标题和小标题,就能了解你商业计划任何章节的要点。

拆分大块文字。长的连续文字块令读者厌烦,也难于浏览。标题和小标题助你把这些大块拆分成易辨认的小块。有些专家建议自然段平均不超过 200 单词——大约五句话,或在单行距排版中占 1.5 寸。

加数字标号是另一种有效的方式,可以用来拆分过长的吓人的文字块,以增加影响力。你可用数字标号总结要点,或迅速传达意思,如下例:

我们对低碳食品的市场研究发现了四个主要的接触终端用户的渠道:

1. 健康食品零售店(目前仅在美国就有 34,000 家)
2. 独立的低碳食品店(目前只有 43 家,但数量增长很快)
3. 传统杂货店(健康食品部)

4. 私有贴牌产品，通过一个或多个低碳食谱计划销售

注意数字项目的排列如何拆分了这一页，而且以一种不会被遗漏的方式传达了结论。

着重号也能起到同数字列举同样的作用。着重号有时是清楚简洁地传递信息的最佳方式——即便不很优美。例如，你可以使用着重号列举，当你

- 想要强调一系列行动
- 需要组织一些项目
- 需要列出整体的部分

如果你的列举只有一或两个元素，则不需要着重号或数字。这种情况下，你通常这样说就可以了：

集中讨论组发现我们竞争者的低碳玉米片有两个问题：味道像纸板，会导致胃疼。

让图形讲一部分故事

商业计划不可避免地要包括很多数字数据。如果要快速传达数字数据，柱状图和饼状图最好用。读者一眼就能看到他们需要通过很多行乏味措辞和数字才能挖掘到的东西。你更愿意读下列的哪一种呢？哪一种会留下更深的记忆？

只有文字的例子：

我们调查发现，每天2%进城的人骑自行车，9%的人用公共交通，35%的人回答说他们走到市中心，而最多的一群人，54%，开

车来。

文字和图形的例子(见图 5—2):

根据我们的调查,人们用不同方式进城,主要是开车。

图 5—2

人们如何进城

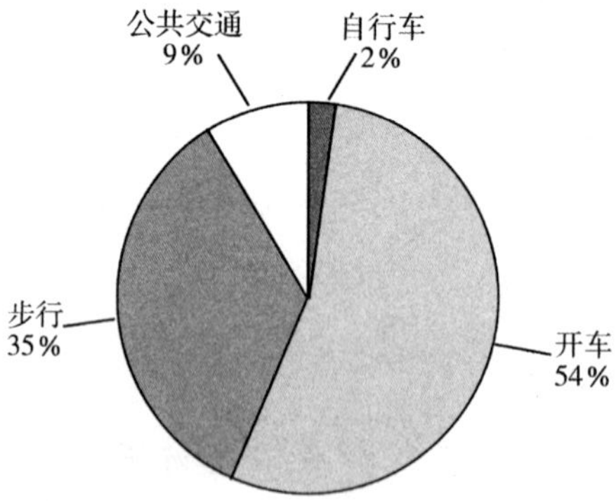

注意用图形讲事情不一定能节省空间,但可以给读者一个不读文字的休息,因此,一般更有效果。

谨慎使用格式因素

不要迷恋于使用格式因素。文字处理软件赋予你丰富的格式特征处理手段:黑体,斜体,几十种字号和字体,剪贴图,制图工具,等等。审慎使用,这些可增加文字的外观和可读性。然而,过量使用将产生反面作用,令你的文章看起来很不专业。所以不用太复杂。

关于格式因素没有合适或不合适的通用规则。每篇文章都是唯一的。有疑问的时候,找一份其他公司专业制作的商业计划,以其作为样板。

最后的考虑

当你制作商业计划时，时刻要牢记读者的兴趣。把你自己放在他们的位置上。你的读者在寻求令人信服的材料证明你已经发现了一个真正的商业机会，一个有巨大增长可能的机会。考虑到他们的资金可能遇到的风险，他们想要看到巨大的上升潜力。

你计划的读者也将会寻找清晰的迹象，表明你完成了功课——你了解市场，瞄准了正确的顾客群，为能和顾客做生意并赚到钱已开发了一个牢固的战略。潜在的投资者需要得到保证，确信你和管理团队有知识、经验和动力把机会变成赢利的商业企业。对于潜在贷款人和投资人重要的应该对你也同样重要。所以，当你写计划时，时常停下来问问自己，这是一个真正的机会吗？我理解市场和我希望吸引的顾客吗？我们真能搞成这事吗？

最后，告诉你的读者他们将怎样从公司赚到钱。

投资者需要一个退出战略：管理层收购，另一家公司收购，股票上市发行，等等。即使你打算长期经营这项生意，你的投资方在某一时间点上需要变现——而且越早越好。

软件解决办法

商业计划软件程序可用不到200美元买到。商业计划专家(Business PlanPro)就是一个例子。有些匹配公司甚至提供可下载的模板，模板提供计划的基本结构，要求你给组成部分“填空”，包括现金流和销售预测。关于这类软件和模板，可以在互联网上以“商业计划”(“business plan”)和“商业计划软件”(“business plan software”)作为主题词搜索到。

小　　结

- 当你制作商业计划时，把读者放在你头脑中最重要的位置上。
- 你的商业计划应该以有说服力的方式告诉读者所有他们需要知道以便做出决策的事情。
- 尽管书写商业计划的主要理由是为了获得外部融资，书写行为本身能促使管理团队想清楚经营的所有关键因素。
- 执行概要应当用有说服力的言辞说明机会，讲明为什么此时最为适宜(利用机会)，展示你公司如何利用机会，描述预期结果，并且简略勾画公司和管理团队。
- 在众多内容中，计划应叙述公司目标，并说明投资方最后如何兑现现金。
- 注意文体。用尽量少的词语传达观点。如果可能，避免冗长复杂的句子。让你的文件易于浏览,使用标题,小标题,空白,数字和着重号并拆分文字块。

创

业者百宝箱

6 企业融资

6 企业融资

钱在哪?

本章主要话题包括:

- 生命周期概述
- 创业融资
- 现有企业融资
- 为增长融资
- 资产和融资的匹配
- 典型的融资安排

钱润滑企业的车轮。没有钱,即使最大胆最好的商业计划也只不过是一纸空文。钱是各个层次企业的必备成分——无论是街角的书店,还是拥有400家书店的全国连锁书店。企业的每个发展阶段都需要钱:无论是在创业初始还是新企业所经历的不同增长阶段。即便是一家年销售额达几十亿美元的成功企业也需要不断地融资以保持在本行业的领先地位。

本章讲述企业从创建到成熟的商业生命周期的不同阶段一般会遇到的融资要求。本章还概述各个阶段企业取得融资的来源。一般我们用两种类型的企业——生活方式企业和创业企业来说明从创立到扩张所需的融资过程。

融资的生命周期观点

让我们稍微站得远一点来好好看看企业从开始，成长到成熟的理论生命周期，这很有用。这样做有助于我们明白各种融资形式（各种融资机构）怎样及何时发生作用。

生活方式企业

生活方式企业最容易帮助我们理解关于企业生命周期的概念。生活方式企业的目标是为创立者及其家庭提供收入和退休金积累。这类企业有一个初创阶段，其后可能是一段逐渐增长期，然后是成熟的无增长阶段。所有者需要创业融资以购买或租赁设备，租用工作场所，建立库存和固定装置，以及提供运营资金。在很多情况下，企业主只是简单地从他人那里购买一个现成的生活方式企业。

这类企业的融资来源是什么？典型来源有：

- 个人存款
- 信用卡贷款额度
- 创业者房产的二次抵押贷款
- 从朋友和亲戚处借贷

- 供应商短期贸易贷款

很多人称这类创业融资为自举融资。这里没有大钱。据阿马尔·毕德(Amar Bhidé)(他是商学院教授,曾是麦肯锡(McKinsey)公司顾问)所作的研究,即便在成功的公司中,自举融资也是常态,而不是例外。毕德和同事从 1989 年《公司杂志》(*Inc. Magazine*)所列的美国增长最快的 500 家私营企业中选了 100 家,采访了这 100 家的创业者。毕德发现超过 80%的企业最初通过创业者个人来源融资(正如以上所列举的来源),其中有一家开了一张 50 美元的个人支票——结果因资金不足而退票。这些企业创业资本的平均数额大约是 10,000 美元(按八十年代末美元币值)。[1]

为了更好地理解创业融资的挑战性以及资金来源,看一看这个虚构公司的案例。

当安格斯·麦克达夫(Angus McDuff)于 1963 年创立其木材加工企业时,他已充分做好了个体经营的准备。他曾是一家小型木制灯具制造厂的工长,他直接转型做自己的个体工厂。作为工长,他知道所有木材加工成商业产品的业务。他和材料供应商的关系非常亲近,并和经营他公司产品的批发商和零售商打交道。

麦克达夫充分利用了他在原公司最后一年的时间。在空余时间,他设计了一个小型木制帽架系列,用他在灯具业的经验计算了生产成本,并且了解了很多关于出售其产品的分销渠道的事情。所以,当他离开原工作成为企业主的时候,他已经非常充分地作好了准备。

但是，创建企业不仅需要知识。也需要财务和生产资产。麦克达夫计算出他需要足够的现金——比如 3,000 美元——以度过三个月的创立期。这期间，他能产生和收回的销售收入一定相当少。他还需要一定的木材库存、固定设备和其他材料。这些库存材料项目一定时间后将转化为成品库存。而且，他还需要些钱支付一年的财产和产品责任保险，还有一个小工厂的前三个月租金。他算出他需要 7,300 美元以获得这些资产，如表 6—1 所示。

麦克达夫的企业，他决定叫做联合帽架公司，还需要一些固定资产：一个木工车床，几件电动和手工工具，几个车间工作台，一辆运送材料和成品的密封式运货小卡车。幸运的是，安格斯以前的雇主愿意卖给他一辆旧卡车和很多所需要的工具，两个旧木工车床和几个多余的工作台，总价为 3,000 美元。

有了这些，安格斯就能够完成平衡表中的固定资产部分（表 6—2）。加上他现有的资产要求，他算出他将总共需要 10,300 美元以开办这家企业。

麦克达夫的 10,300 美元资产要求可能看起来不多，但是记住那是在 1963 年，那时一个美元还真值些钱！那么他将如何融资来获取这不太多的创业成本呢？幸运的是，安格斯和他的妻子艾丽斯（Alice）的存款账户里有 5,300 美元，艾丽斯的叔叔愿意以无息借款的方式出 5,000 美元。“你可以每年还我 1,000 美元，”叔叔告诉他们。“并祝你们生意好运。”这样一来，他们有了所需的企业运转资金。

这就是联合公司的最初融资。你们已经看到了平衡表的资产部分。表6—3是负债与所有者权益部分，详细列出了公司资产是如何融资取得的。

表6—1

流动资产需求		
现金		$3,000
库存		
木材	$800	
硬件设备	$700	
其他	$500	
库存合计		$2,000
预付支出		
保险(一年)	$800	
租金(三个月)	$1,500	
预付支出合计		$2,300
流动资产合计		$7,300

表6—2

固定资产需求		
旧密封式运货小卡车	$1,200	
车床	$1,200	
其他工具	$300	
车间固定装置	$300	
固定资产合计		$3,000
流动资产合计(来自表6—1)		$7,300
流动资产与固定资产合计		$10,300

表 6—3

负债与所有者权益	
流动负债(五年贷款的当前部分)	$1,000
长期负债(五年贷款的剩余部分)	$4,000
负债合计	$5,000
所有者权益	$5,300
负债与所有者权益合计	$10,300

很多小企业,如果说不是多数企业,最初的融资方式与联合公司相似——用的是业主—经营者的个人积蓄以及来自朋友和家庭成员的资金。有些人甚至用信用卡的信用额度取得创始资金,尽管这很贵。

贸易信贷

很多小企业主从供应商处得到 30 天到 60 天的贸易信贷,作为创业(并且是经常性的)融资的一个部分。例如,一个鞋店业主能够从批发商处获得价值 3,000 美元的鞋,付款期为 60 天。通过聪明地挑选库存,业主可以 60 天内卖掉全部或大部分鞋,然后在到期时用这笔钱全额支付批发商款项。实际上,用供应商不收入的费用为商店库存融资——对于业主来讲,这个交易好于使用银行信用额度或其他有利息的融资办法。

商业银行贷款

有些新建企业也可能从商业银行得到有限的融资。银行通常不愿意给小企业提供长期贷款。银行更愿意提供短期活期贷款、季度贷款和为机器设备提供的单一目的贷款。银行对新建企业长期贷款或无担保贷款有所顾忌是有道理的,因为失败率很高。多数银行只有当对具体情形和借款人资质放心时,才会给一家创业企业发放贷款。

银行如何才能放心?银行在放贷前问三个问题,如果他们不能得到所有三个问题的满意答案,他们很少会将钱脱手的。

1. 借款人能还我钱吗?
2. 借款人的性格是一种会还我钱的人吗?
3. 如果借款人不还我钱,我能控制哪些可变卖的资产呢?

为了得到第一个问题的答案,银行将评估创业者的技能和商业计划:

- 申请人了解市场,并有可行的计划以满足市场吗?
- 创业者有所需要的经验或知识——或两者都有——以便成功经营这类生意吗?
- 商业计划是否现实,完整,并基于合理的假设?
- 计划的收入和成本预测是现实的和保守的吗?因为贷款偿还来自现金流,贷款人会对预计现金流特别感兴趣。

如果企业已在经营,银行将看潜在借款人的流动比率以体会其还款能力。流动比率用下列简单公式表达：

流动比率 ＝ 流动资产 / 流动负债

因为流动资产（现金，证券，应收款，库存）可以方便地变成现金，这一比率可以部分地反应当债务到期时公司的支付能力。

一家好的公司需要保持的流动比率的大小取决于现金流和现金付款之间的关系。一家公司如果有持续稳定的现金流或其他流动资产，例如公用事业公司或出租汽车公司，尽管其流动比率很小——比如说是 1.10（这意味着公司每一美元流动负债有相应的 1.10美元流动资产），这家公司也有可能偿还到期债务。另一方面，一家产品开发和生产周期长的生产性企业，可能需要保持更大的流动比率。

为了确定一个组织的绝对流动性，银行信贷分析师可能会修改流动比率，办法是从流动资产中剔除所有无法在很短时间内变现的项目。一般地，这一比率，被叫做速动比率或酸性测试比率（*acid-fest ratio*），包括所谓速动资产（现金，市场证券，应收款）对流动负债的比率。库存从计算中去除。

速动比率 ＝ 速动资产 / 流动负债

看起来自相矛盾的是，尽管一家公司有大量优质资产——办公大楼，送货车队，装满成品的仓库，公司仍然会有无力支付的风险，如果其流动（速动）资产比率不足以支付到期账单。借款方不把旧卡车看做支付方式，他们要现金。

贷款人一般通过检查借款申请人的信用史来回答第二个问题——"借款人的性格是一种会还我钱的人吗？"无论是汽车贷款，

房屋抵押贷款，还是商业计划，银行都会寻找证据以证明申请人会按安排还款。

第三个问题——“如果借款人不还我钱，我能控制哪些可变卖的资产呢？”——是关于抵押担保。抵押担保品是一项承诺给贷款人的资产，直到贷款还清。例如，在汽车贷款中，贷款中保留对车辆的所有权，并且确定买方已付了足够大的一笔预付款，如果借款人不能按时还贷，贷款人可以占有、卖掉此车，并从收入中拿出钱完全补偿贷款。

商业贷款与此类似。如果企业失败，贷款方想看到有可卖的资产用于还贷。资产可以是流动资产，如现金、库存和应收款，也可以包括如车辆、建筑和设备这样的固定资产。围绕着新技术开发组成的高科技创业企业很少会有具有抵押价值的资产；因此，银行贷款一般不会发放给它们。

美国小企业管理局贷款

小企业管理局的三个贷款项目，目的是帮助美国公民开办的所有小企业获得融资。小企业局自己不发放贷款；小企业局制订指导方针，其合作方（贷款人，社区开发组织，小额贷款机构）发放贷款。这类交易对金融机构的吸引力在于小企业局在一定程度上保证还款，消除了贷款人的部分风险。

小企业局贷款信息可在这个网站找到：www.sba.gov。这个网站提供了丰富的有关创立和管理小企业的信息。

创业型公司的生命周期融资

多数企业永远无法成长壮大,也永远没有壮大的潜力。它们可能经过多年扩张达到年营业额 1,000 万到 2,000 万美元的程度,但那就是极限了。安格斯·麦克达夫的帽架公司可能是其中之一。其他公司可能会有大得多的增长潜力,尽管它们也是从小企业做起的。微软是其中之一。微软是由一批怪才程序员在汽车旅馆中工作创立的,他们日夜书写程序编码,以啤酒和比萨饼充饥。由史蒂夫·乔布斯(Steve Jobs)和史蒂夫·沃兹尼亚克(Steve Wozniak)在乔布斯的车库里创立的小公司是另一个例子;其苹果二型机开创了个人电脑时代,推动这个小公司成为了大公司。

商业学者称这些企业为"企业家"公司。其生命周期如图 6—1 所示。创业阶段后是一段增长时期,然后是成熟期。很自然,只有很少的公司度过了三个阶段。很多公司几年就败了。还有一些公司在达到其充分潜力之前就被更大的公司收购了。非常少的公司经历了到成熟期的整个周期。那些经历整个周期的可能会成为商业世界中的惠普(Hewlett-Packards)、索尼(Sonys)、维京集团(Virgin Group)和沃尔玛。

图 6—1

创业型公司的生命周期

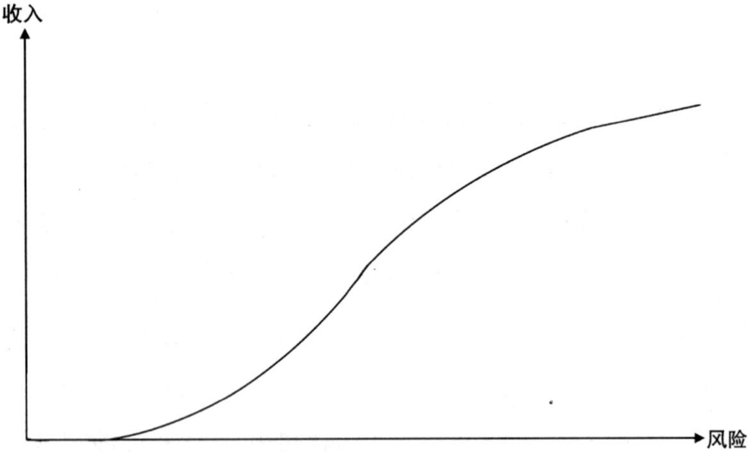

创立期
- 个人储蓄
- 朋友等处借款
- 信用卡
- 房屋产权贷款
- 供应商贸易信贷
- 当地商业天使

成长期
- 内部现金流
- 银行贷款
- 风险资本
- 股票发行
- 基于资产的贷款/租赁

成熟期
- 第二次股票发行
- 债券销售
- 货币中心向银行贷款
- 商业票据
- 基于资产的贷款/租赁

创立期融资

创业型企业通常和生活方式企业有一样的创业融资来源：个人储蓄及业主信用，朋友，亲戚和管理团队提供的借款或所有权资本，还可能有一小笔银行贷款。然而，如果创立者和管理团队在商界或科学界有很强的声誉，他们有可能吸引天使投资者资本，或甚至是一家风险资本公司。如果创立者过去有创业成功的经验，情况更会如此。金融家喜爱展示过点石成金才能的人，而且金融家在积极寻找这类人。在这种情况下，公司早在还没有可销产品或服务前就可能吸引到投资者，并且肯定是在进入成长期之前。

成长期融资

在这一阶段，企业的销售增长，而且在发展一个不断壮大的顾客基础群体。因此，一般需要更多资金——用于经营扩张、雇用和培训新员工，甚至是收购。一部分资金可以内部生成，来源于正的现金流。但是，如果增长强劲，或者如果公司的战略是建立品牌知名度，则需要更多资金。因为已经证实其业务经营可信，一般企业能够比以前更容易地利用外部资本。

这一阶段的债务资本常常来自当地银行。债务是一种最低成本的外部资金来源，因为利息费用（按美国税制）可从应税收入中抵扣。当然，如果公司没有应纳税收入——这是创业期公司的普遍情况，这种抵扣对公司没什么帮助。

相对于所有者资本贡献，公司活动依赖于负债和长期债务的程度被称作融资杠杆作用。如果一家公司的债务相对于所有者投资额占有更大比重，则被称为高杠杆经营。对于所有者来讲，高额债务的好处是，当公司赢利时，他们实际投资额的回报会超过投资比例而更高。另一方面，当现金流下降时，高杠杆的作用是负的，因为债务利息是合同义务，在经营坏的时候和好的时候一样必须支付。不能支付未清偿债务的利息能迫使公司破产。

债务比例广泛用于评估公司使用杠杆程度及相应的风险。计算方法有多种，这里列出两种。最简单的是这种：

债务比例 ＝ 全部债务 / 全部资产

另一种选择是，你也可以计算债务权益比，方法是全部负债除以股东权益额：

债务权益比 ＝ 全部负债 / 所有者权益

一般来讲，当这两个比例的一个变大时，所有者回报变高，但风险也更高。贷款人非常理解这一关系，并时常规定具体的债务水平，借款人不能未经同意超过一定的债务水平。

贷款人还用利息倍数比估算借钱给个人企业的安全程度。这个比例的公式为：

利息倍数比 ＝ 利税前收益 / 利息支出

税前收益（或是利税前收益）所能支付利息的次数，表明收入可以下降到何种程度而不至于无力偿还。在很多情况下，这不是偿付能力测试，而是逆境下的耐力测试。例如，如果因为不景气或别的原因，利税前收益被砍去一半，公司仍然有足够收益支付其利息吗？

沉重债务的平衡物是所有者权益。权益资本通过向包括业主在内的投资者出售股份取得。成长期的典型创业企业不够大也没有足够的业绩证明而成为公众公司，也就是说，可以发行原始股以上市。因此，公司不能利用更广阔的权益市场。如果处于“热门”增长行业，或者如果其就要生产出一种突破性的改变行业规则的产品，公司可能会受到风险资本公司的注意。如果这位私人投资者喜欢公司的业务，则可能会投入一笔很大的资金。

关于风险资本家

风险资本家，或风险投资公司，是一类高风险投资者。他们寻求在有高潜力公司的创立期或早期成长期获得股权。作为资本回报，一般风险投资公司得到一大块企业所有权和董事会的一个位置。风险投资公司积极参与羽翼渐丰公司的战略管理，并且常常帮助公司与供应商和潜在商业盟友建立联系。在很多情况下，风险投资公司帮助录用这些公司成功所需的技术和管理人员。

一般来讲，风险投资公司寻找五年内能为其风险资本带来十倍回报的有潜力的小公司。多数的目标是在原始股发行或以后公司增发时收获其投资，然后继续寻找下一个机会。本书后面的章节会有更多关于风险资本家的内容。

多数公司从来没有超越增长的早期阶段。它们或失败或被收购。但是那些成功的公司可以得到更广泛的融资机会——特别是在公开股票市场。更大的增长前景对股权投资者有强大的诱惑力，他们希望在公司股票仍然便宜而且公司还未被认可时买到股票。

当增长继续时，当地银行也是一个外部融资的重要来源。企业现有的创造收入和支付账单的记录可以起到激发信心的作用。企业的当前和未来利息倍率很有利。而且，企业有可抵押的资产以获得基于资产的贷款或租赁。公司可能发展太快以至于其发展超过了当地银行的贷款能力，阿马尔·毕德对500强公司名单上成功和增长型公司的研究表明，那些公司中不到五分之一的是在最初五年中通过向外界出售所有权股份为公司成长融资的。相反，它们更多通过借贷或使用内部生成现金来支持扩张。[2]

对于那些为数不多的显示出非常好的前景的公司来讲，在成长阶段的重要里程碑就是原始股发行，或简称 IPO。原始股发行是由发行公司选出的一家或数家投资银行公司来进行管理的。投资银行帮助发行公司达到那些规定向公众发行股票的严格的要求。更重要的是，投资银行及其经纪交易商(股票经纪人)银团直接接触成百上千万的潜在投资者：个人投资者、共同基金、养老基金和私有资金经理。后面的章节会谈到更多关于投资银行的情况。表 6—4 总结了成长期各种资金来源形式的利与弊。

表 6—4

创业企业成长阶段的资金来源	
经营产生的内部现金流	• 无成本，如果股东渴望红利。 • 可能不足以为企业生产基础的快速增长提供资金。
债务资金	• 昂贵，但利息支付可以从应税收入中抵扣(如有收入的话)。 • 利率高低取决于主要利率、贷款条件及借款人的信誉度。 • 债务增加企业的风险。
风险资金	• 最昂贵的资本形式，因为风险资本公司要拿走所有权的很大一部分——还有公司的未来前景。 • 创业者必须与风险资本家分享权力。 • 与其他形式的资本不同，风险资本可能带来很宝贵的商业建议。
原始股票发行	• 也许是唯一聚集大捆金钱的方式。但是和风险资金一样，稀释了业主和早期投资者的所有权利益。并且，上市公司的责任常常很烦琐。

成熟期融资

树长不到天上去。成长企业也不会一直成长下去。最终，增长因一个或多个原因走平：

- 成功与赢利吸引竞争者进入市场。
- 对产品或服务的需要已较大程度得到满足(市场饱和)。
- 技术转移出现。
- 当组织变大后，失去了雄心、敏捷或创新。

无论什么原因，很少有公司能保持十年以上的高成长率。这并不意味着成长一定要停止，不需要继续融资了。随着人口的增加以及不发达国家的人们更加富裕并需要这些产品，即使是像汽车这样成熟产品的饱和市场也会稳步继续增长。对于一家10亿美元的企业，即使销售额增加3%，也需要额外融资。再者，成熟公司也常参与兼并、收购、重组或其他活动，所有这些都暗含重要的融资。

假设一家成熟公司信誉良好，那么该公司有多种获得额外外部资金的选择。在短期需要方面，公司可发行商业票据，挖掘银行信用额度，或者与银行或其他金融机构，如保险公司和养老基金，协商定期贷款。成熟公司可以用其现有资产和现金流作为抵押物以降低贷款成本。另外，公司也可以通过销售回租的方式获得大量资金。

健康成熟的公司也可在公共资本市场举债(发行债券)和获得

权益资本(股票)。这里,时间选择绝对重要。公司自然想在利率低时卖掉债券,股价高时卖掉股票。

eBay 网站的成长融资

为了更好地理解增长型创业企业经历的融资过程,看一看 eBay,这可能是网络时代最成功的公司。eBay 最初是一家一个人在家工作的爱好者型企业,在很短时间内爆炸性发展成为一家可观的大公司。公司的早期历史(1995 到 2000 年)表明了各种融资形式所起的作用。

eBay 由皮埃尔·奥米迪亚(Pierre Omidyar)于 1995 年创立。皮埃尔是一个在软件开发和网上商业方面有经验的年轻人。奥米迪亚在一个他的互联网服务商免费提供的网站开始了他的生意。他当时的业务资产只有一个文件柜、一个老式课桌和一台笔记本电脑。奥米迪亚的兴趣企业发展迅速,这迫使他买了自己的服务器,雇用一个人处理开票和邮寄来的支票等事务,最后将公司从他的单元房搬到了一个小办公室。奥米迪亚和他的商业伙伴杰夫·斯考尔(Jeff Skoll)很快就可以向自己支付 25,000 美元的年薪了。[3]

这段增长的早期基本上是自筹资金:通过邮件寄来的交易费现金足够公司的开销和投资了。但一段超高速发展时期马上就要到了。到了 2000 年 12 月底,这家小网络公司已经从为一小批拍卖爱好者服务成长为处理 2,200 万注册用户的大型交易了。那时,公司提供 8,000 多个产品大类;任何一天,公司都列出 600 万件货品以拍卖形式销售,还有 800 万件以固定价格形式销售。

为了支持如此大量交易的业务并保持运转,公司需要的基础设备有办公空间、顾客支持、专用软件、信息系统和设备。eBay 开发了进行拍卖服务和处理交易的系统,包括开票和收款。随着网站交易速度的提高,这些系统需要不断优化和扩展。

为了使增长之轮继续旋转,公司花巨资用于开发新的网站特色和产品大类。eBay1998 年产品开发开支为 460 万美元,1999 年为 2,480 万美元,2000 年为 5,590 万美元。更多的资金花在市场营销、品牌开发和收购上,收购的目的是扩大公司的服务,使其把触角延伸到世界其他地区。

没用多久,eBay 平衡表上的资产就急剧膨胀。以下是几个重要数据(以亿美元单位约计),来自截止到 2000 年 12 月 31 日财务年度的公司 10-K 年度报告:

现金和现金等值物:2.02 亿美元

短期投资:3.54 亿美元

长期投资:2.18 亿美元

资产总值:11.82 亿美元

拥有接近 12 亿美元的全部资产,eBay 与皮埃尔·奥米迪亚的单元房公司相隔数光年之远。资产融资的钱从哪来的呢?eBay 的非凡增长主要靠两个融资方式:第一,来自经营现金流(自融资),第二,来自贷款和销售所有权股份(外部融资)。让我们分别看一看这两个来源,因为这对于成长型企业很重要。

eBay 来自经营的现金流

在企业早期，来自经营的现金流是成长融资的重要来源。公司的现金流表——这包括全部围绕经营、投资和融资活动进入和离开企业的现金流——记录了内部生成融资的效果。（如果你不熟悉现金流报表，见附件 A。）表 6—5 包含 eBay1998 年到 2000 年现金流报表的要点。

第一行，经营活动产生的净现金，显示公司的某一部分在经营，并从经营现金流中支付人员工资、税款和其他账单（经营活动）。而且，来自于经营的正现金流水平每年大幅增长，帮助成长融资。因此，eBay 资产增长的一个重要部分是内部融资，来自其成功的有利润的经营。ebay 没有把这部分现金的一分钱以红利形式返还给股东，而是全部投回企业。这是快速成长公司的典型做法。

表 6—5

eBay 现金流，1998 年到 2000 年（单位：千美元）

	2000	1999	1998
经营活动产生的净现金	100,148	62,852	53,024
投资活动中使用的净现金	(206,054)	(603,363)	(53,024)
融资活动提供的净现金	85,978	725,027	72,159
现金和现金等值物净增（净减）	(19,928)	184,516	25,176
年末现金和现金等值物（已考虑初期结存）	201,873	221,801	37,285

来源：eBay 10-K 报告，2000 年。

eBay 的外部融资

内部生成的现金足够为早期的经营融资，但不够为 eBay 令人眼花缭乱的迅速增长融资。尽管 eBay 的现金流很大，但是和同一时期因投资造成的现金外流相比，显得很少。在那几年中的最后一年(2000 年)，来自经营的现金流能够补充差不多一半的投资外流。为了弥补不足，公司采用外部融资(即表 6—5 中标题为“融资活动提供的净现金”一行)。

eBay 的财务报表(太厚了无法在此列出)表明，几乎其全部的外部融资都采用了股东资本的形式；即，公司及其子公司通过向投资者出售股份(几乎全部是普通股)筹集现金。最初的一笔是和基准资本公司(Benchmark Capital)达成的 500 万美元的私募资金，那是一家硅谷风险资本公司。作为现金回报，基准公司得到了 eBay22％的股权利益。

eBay 历史上下一个大的筹资活动是其 1998 年发行的原始股票。发行原始股是一个公司生命周期的重要里程碑，因为这标志着由私人公司向公众公司的转变。你在后面的章节中会看到，这一新的地位为公司筹集股权资本打开了机会之门。潜在资金募集者的范围从一小圈俱乐部式的投资者变为更广阔的群体，有个人投资者、共同基金和养老基金。

> **资金来源的发展变化**
>
> 这个关于eBay的小故事说明了成功创业公司的一个熟悉的模式。创立资金一般来源于创立者的口袋。成长融资靠内部生成的现金流,还可能有一笔不大的贷款;然后,通过股票的私人销售;最后,有的公司可以向公众出售股票。

原始股发行对于包括风险资本家和持股员工在内的现有投资者也是一个机会,他们可以兑现部分或全部股份——将纸凭证变成真金白银。例如,eBay的奥米迪亚在发行原始股前持有超过4,400万其公司的普通股。在发行原始股和随后几个月股票价格上涨的过程中,奥米迪亚成了拥有几十亿美元的富翁。基准公司股票价格上涨,投资回报达490倍——一个上记录大全的数字啊!

eBay的财务经理和投资银行家利用公司的高股票价格和公众对股票的胃口,又在1999年发行了一次普通股。这次发行为公司带来超过7亿美元的净资本,大部分用在了公司的扩张活动上。

其他外部融资形式

在本章我们已讲了供应商信贷、银行贷款和发行普通股是重要的外部融资形式。今天的成熟公司还使用其他几种重要的融资形式。

- **商业票据。**信用评级高的大公司常用销售商业票据的形式获得短期融资需要。它们使用商业票据作为一种低成本替代短期银行贷款的形式。商业票据是一种短期债务证券，一般于200到270天到期。多数票据按面值折价的方式出售，在到期时按面值赎回。折扣价和面值之间的差价代表票据购买者的利息。有临时现金余额的投资者一般是商业票据的购买者；对他们来讲，商业票据是一种比较安全的获得闲置资金回报的方式。

- **债券。**债券也是一种债务证券（欠条），通常按固定利率和标明到期日发行。债券发行人有合同义务进行周期性的利息支付，以及在到期日按面值赎回合同。债券有短期、中期和长期（例如，从1年到30年）。通常，债券每半年按固定利率支付一次利息。
- **优先股。**这种股权证券与债券有些相似，优先股按标明股息每年向股东支付，当股票在二级市场交易后，股票价格和债券一样，随着市场利率和发行者信誉度的变化而波动。和债券一样，优先股被一些公司用来作为一种外部融资的形式。

资产和融资的匹配

无论是创建公司，保持经营，还是促进公司增长，融资的一条主要原则就是在资产和相关融资方式间建立适当的匹配。通用的原则是用短期融资为流动（短期）资产融资，用长期或永久融资为长期资产融资。

如本章提到过的用供应商信贷为库存融资，就是一个匹配短期资产和短期融资的例子。鞋店业主用预计可以在60天卖掉的资产做60天的匹配融资。相似的，公司在为其诸如办公室、系统和设备进行融资时，或使用长期债务，或使用股东资本。这些是更长久的融资形式。

无数企业遵行这一很有道理的原则。当州政府和市政府建设桥梁、曲棍球馆、水处理厂等项目时，它们一般用20到30年期债券做融资，这些融资工具的到期日大体与这些资产的使用寿命匹配。

为了理解这一原则的重要性，先考虑一下将会发生什么样的情况，如果你想为你购买的新房（一种长期资产）融资，方式是年息8%，不可分批偿还的，只有三年到期的20万美元贷款。按照贷款条件，你每年付16,000美元利息，然后在第三年底必须还清20万美元。如果你能在第三年末再得到一笔贷款以替代到期的这一笔，而且如果你还承受得了这种利率水平，那么这也许可行。但这仅仅是两个“如果”。你手头的钱可能相当紧缺，所以当你需要的时候，可能找不到新的贷款人，或者你找到的贷款人要10%或12%的利率。无论哪种情况，抵押品赎回权可能会丧失。你在这种情况下无法应对，企业也同样无法在这种情况下经营。

相反的不匹配情况——长期举债为短期资产融资——同样不好。有些人用房产做二次抵押为渴望的度假融资。这是房产权益贷款的诱惑。度假很快会结束，但还债要不断继续。在商业中，我们期待我们以借贷资金获得的资产产生递增收入（或成本节约），其幅度和时间要超过所支付的融资成本。这对自有资本也成立。

小　　结

● 生活方式企业的目标是为创立者及其家庭提供收入和退休金积累。如果这类企业能度过初创阶段，其后可能是一段逐渐增长期，然后是成熟的无增长阶段。

● 对于生活方式企业和创业企业来讲，创业期融资一般来自个人积蓄、信用卡、朋友和家庭，以及有些情况下的少量银行贷款。

● 来自供应商的贸易信贷是另一个低成本的融资渠道。

● 银行贷款前考查借款人的偿还能力、品格和抵押物。

● 流动比率、速动比率(酸性测试比率)，以及利息偿还次数比率可以使贷款人洞察潜在借款人的偿付贷款能力。

● 创业企业通常依靠自举资金度过创立期。

● 在成长期，企业家靠内部生成资金、基于资产的贷款和外部股权资本融资。

● 债务一般是成本最低的资本形式，因为利息支付可以从税收中抵扣；然而，举债增大了企业的风险。

● 公开发行股票(原始股发行)是一座重要的里程碑，只有少量企业可以达到。原始股发行为促进增长带来大量资金。

● 信用良好企业的成熟阶段融资包括银行贷款和出售商业票据、债券以及股票。

● 最好用短期融资为短期资产融资,用长期债务或股东资本为长期资产融资。

7 天使和风险资本家

7 天使和风险资本家

为了得到正规的外部权益资本

本章主要话题包括：

- 为什么常常需要外部资本
- 如何接触商业天使以获得资本
- 什么吸引了风险资本家
- 风险资本的运作过程
- 找到及联系风险资本家
- 向天使和风险资本家做一击中的陈述的诀窍
- 风险资本融资的优缺点

很多企业从来没有达到需要外部股权资本这一步。创业者可用内部生成资金和贷款扩张企业，但只能在他们能够管理和满意的范围之内。最好的一点是，这样做可以避免将股份卖给外界人士。一般这样做的是先前介绍过的生活方式企业。根据学者小威廉·E.韦策尔的研究，这些企业五年后的营业额不足一千万美元，占了美国创业企业的90%以上。[1]

其他企业家的视线更高。按韦策尔的分类，这类中型市场企业五年后可达一千到五千万美元；还有他称为高潜力的公司，目标是五千万美元或更高。[2]这两类更进取的企业必须在某一时间从外部投资者寻求股权资本以为成长融资。债务融资和内部生成现金很少能成为可行的方案。

股权资本是提供所有权的资本。股权资本给投资者以企业资产和未来财富的一部分所有者权益。在多数情况下，投资者对企业经营有发言权。本章讲述两种最直接的股权资本来源，这个资本是在考虑过朋友和亲戚后来自于企业以外的人士：商业天使和风险资本家。本章讲解如何与他们取得联系，并讨论这类资本的优缺点。

商业天使

如果你所有的信息来自金融媒体，你会认为风险资本提供了大部分创业型企业发展阶段——即，在这些公司向公众发行股票前——所需要的股权融资。的确，有一些高成长潜力的公司几乎马上和风险资本取得了联系，这时它们还远远没有可销产品或服务。但是生活方式和中型公司从来没有显示在风险资本的雷达上。只有很小比例的公司得到了风险融资。相对地，很多中等或高潜力企业，如果不是大多数的话，从一类叫做商业天使的投资者处得到股权资本。实际上，研究人员马克·范·奥斯纳布吕格(Mark Van Osnabrugge)和罗伯特·J. 罗宾逊(Robert J. Robinson)估计，天使每年给创业性企业的融资是风险资本家的30到40倍。[3]

这些商业天使是谁？他们是有高净值的个人，一般是成功商人或专业人士。他们以债权或股权资本，或同时两者形式向创业企业提供早期资本。他们提供资本的早期或创业公司的特点是：

- 太小而不能得到风险资本公司的注意
- 在成熟的收入潜力方面常常太有限而无法引起风险投资公司的兴趣
- 对于银行贷款和风险资本的胃口来说，风险太大

因此，商业天使是小型的风险资本公司。他们填补一个巨大的融资空白。

天使常常是白手起家的百万富翁，并习惯于用他们的自有资金做可测算的冒险，这种风险有潜力产生超常的回报。很多天使喜欢这个寻找和开发商业机会的游戏。看看这个例子：

杰克(Jack)是一个62岁的明尼阿波利斯市(Minneapolis)商人。他没有MBA学历；实际上，他没上过大学。他所拥有的是一家年营业额为4,300万美元的赢利良好的短途卡车运输和卡车维修公司。他白手起家建立了这个公司。他还在本地区其他两家成功企业中拥有少量股权，并且是那两家董事会的活跃成员。

杰克经济上安全，并对自己的商业才能有信心。杰克喜欢了解明尼阿波利斯地区的投资机会，并对他喜欢和懂得的企业积极进行投资。有时，杰克和两个密友(都是富有的商人)联手进行投资。一个是长期朋友，是会计师，拥有一家当地注册会计师公司。另一个是高尔夫球友，拥有并管理本市的几座公寓楼。杰克说："三个人的头脑当然要比一个人的好。"

杰克是美国大约35万商业天使中的一位。新罕布什尔州立大学风险企业研究中心(the University of New Hampshire's Center for Venture Research)的杰弗里·索尔(Jeffrey Sohl)教授称，天使在2001年仅在美国就投资了300亿到350亿美元，以资助将近五万家风险企业。[4]

假设你有一个坚实的商业计划，并有能力创立和经营一家成功的公司，像杰克和他朋友这样的人是你获得大量外部资本的最好机会。而且，他们还不只是提供钱。商业天使是成功人士，当你需要建议和反馈时，他们可以提供。他们还有宝贵的可以帮助你的地方网络。无论你是需要一个好的律师、会计服务、银行家、供应商、关键员工，还是办公地点，你的天使通常可以使你接触到可靠的人。

联系天使

有趣的是，尽管商业天使就生活在你社区里或社区附近，但他们却并不容易被找到。与风险资本公司不同，天使不为自己做广告。而且，像大多数白手起家的人一样，他们的投资活动只有他们自己和他们信任的伙伴圈内知道。很有可能你已经知道，或者与一位或几位天使做生意，但没有意识到。

那么你如何让你地区内的商业天使注意到你的融资需要呢?也许最好的办法就是设法进入他们的网络——通过你的律师、会计，或你认识的其他企业家。和专利律师交谈。把你的商业计划拿给合适的人看。对合适的人闲谈。做这些事情可能会把消息传递到当地天使网中合适的人。

一个更值得肯定的办法是去问你那个地区的企业家："私人融资，我该去找谁呢？"如果他们建议的人不能帮助你，问那个人同样的问题："你知道谁想投资于我的公司吗？"抓住每一个线索，直到能与合适的人联系上。

有组织的天使

商业天使传统上是个人或在小的、非正式的同伴群体中运作。这一状况正在发生变化，因为天使们创造了组织和网络。据《公司杂志》报道，在过去几年中，美国形成了大约170个天使组织。这些组织按州排列的名录，以及他们的很多网站可以在这个网站找到：www.angelsummit.org。

这些组织正在使天使的投资变得更专业化，更正式，并且——对天使来说——更有效率。在某些方面，它们变得更像风险资本公司，有专业筛选人员做外出搜集情况的工作以及初步分析。这些组织对企业家们的好处是可以缩短完成寻找和联系潜在资金提供者这样的烦琐事务所用的时间，减少偶然性和随意性。

欧洲的天使们也更好地组织起来。欧洲商业天使网（The European Business Angels Network）是一个非赢利组织，目的是促进天使投资者间的经验交流（www.eban.org）。欧洲商业天使网估计英国有30亿欧元的商业天使投资池，爱尔兰有2,000万欧元，荷兰15亿欧元,芬兰3亿欧元。没有关于欧洲其他国家的数据。[5] 在澳大利亚,商业天使公司(Business Angels Pty Ltd)(www.businessangles.com.au)提供中心登记库,帮助一些私人投资者和公司互相找到对方。其数据库将商业需要与私人投资者的标准相匹配。

得到天使融资的诀窍

- 不要浪费时间寻找天使,如果你不能证明你的企业在五年内将创造超过1000万到1500万美元的年收入。很少有天使会对达不到这一水平的企业有兴趣。
- 在与你企业相关的行业中寻找天使。例如,如果你的公司是一家信息系统创业企业,寻找在这一产业致富的人。例如,太阳微系统公司(Sun Microsystems)的一位创始人看到Google搜索引擎的投入前演示,然后给了那家公司的研究生创业者们一张10万美元支票。作为老练的计算机专业人士,他能够体会其潜力。如果你希望围绕一种新的医疗设备建立一家公司,把消息传到当地的医师那里。
- 带着你的实际行动:或者是一个工作模型,一个管理良好人员精练的经营项目,或者,最低限度,一个实实在在的商业计划。
- 准备好一个事先练好、切中目标的口头陈述。你应准备好清晰具体地说明如何使用天使的资金以促进赢利增长。
- 为你的投资者准备一个可信的退出计划。天使们最终想把他们的纸面权益变成真正的现金。

风险资本家

商业天使一般处于新企业融资的暗处,风险资本家却容易看见得多。风险资本家是寻求高额资本收益的个人或公司。他们为高潜力创业机会提供早期股权或与股权相联的融资，这些机会最终可以带来巨大的利益收获。吸引风险资本的企业占全部新创企业的不足 1%。实际上，如果你的管理团队中没有一个或几个人成功地创立过非常成功的企业，如果你的计划没有显示出巨大的销售收入机会，那么，一家风险资本公司几乎不会对你的商业计划瞄上一眼。

吸引风险资本公司的大多数企业是高科技公司：软件、硬件，以及与互联网相关的企业。生命科学和生物工程也能设法得到一部分风险资金，有些零售企业，例如，Staples，有迅速扩张商店并且控制市场的潜力。风险资本家寻找的热门企业随着时代变迁：从 70 年代的微处理器公司到 80 年代的生物工程和无线通讯公司。在 90 年代，风险资本家为数以百计的网络公司融资，其中多数已不存在了，证明即使是有钱的聪明人也会被一个“伟大的故事”所迷惑并做出失败的事。

最吸引风险资本家的企业一般有已经证明的管理能力和巨大的增长潜力。对于资金提供者来讲，一流的人才和好的主意远比好主意加二流管理要有吸引力。风险资本家所看中的公司还没有开发出适销的产品或服务。因为投资于这些公司缺少立即的流动性，所以风险资本家预期其资金将会被锁定几年。

风险投资家的想法是，高风险和不流动要靠高的潜在回报来补偿。例如，阿瑟·洛克(Arthur Rock)的 150 万美元投在正在成长的苹果电脑公司，风险很大。但三年后当苹果公司上市后，这笔投资价值1亿美元。一笔2,500万美元的风险资金投在一家小型的次日送达的叫联邦快递的公司,当这家公司发行原始股时,那笔投资已经值12亿美元了。风险资本家总是在寻找下一个Staples,戴尔,直觉(Intuit),安进(Amgen),或者星巴克(Starbucks)。这是他们生存的目的。所以,如果你的企业没有潜力把风险资本家送上月球去,你去寻找风险资本融资很可能是徒劳的。

风险资本的运作过程

如果此来源的资本现实可行,那么就有必要知道风险资本金从哪来,如何管理资本流入到高潜力公司,以及回报如何分配。学者业内人士威廉·比格雷夫和杰弗里·蒂蒙斯通过图7—2所示的资金流程图描述了这些情况。这里的风险资本公司是一家有限合伙企业,企业中的消极有限合伙人出了大部分资本。这些合伙人可能是富有的个人、养老基金、大学捐款或公司。对他们来讲,风险融资只占他们全部投资组合的一小部分。

风险资本公司是一般(活跃)合伙人,雇用了一批聪明的MBA新毕业生、证券律师和有经验的交易人以发现、筛选,并投资于图7—1列出的高潜力公司作为其投资组合公司。聪明的风险资本公司会把赌注分别下到不同的交易上。它们知道有些公司将失败,其他的也只能持平,但是也许十五家公司中有一家会成为使它们致富的宝藏。作为一种分散风险的实用办法,风险资本公司组成小型辛迪加,其中主要投资者花主要精力并在创业企业的董事会占有一个位置。辛迪加的其他成员的投资占总融资的较小一部分，并且对投资采用消极的办法。

风险资本的出资常常使用可转换优先股的形式。这种股票有投票权，这可以使风险公司有一定控制企业和企业管理者的权力，并且交易的条件使优先股东有权随时将其债券转换成普通股。转换规定为1∶1或其他比例。作为优先股东，他们有权在普通股东得到红利前得到累积红利。

风险公司喜欢这种安排，因为如果清盘，优先股东可排在普通股东之前。这降低了部分风险。同时，转换特征使他们可以分享公司的上升潜力。实际上，可转换优先股东的地位让风险公司得到两种可能中最好的部分：如果企业倒闭，会有一定保护，当企业成功时，也能享受好处。（可转换优先股的另一选择是附带认股权证的可转债。）

投资后，风险资本家做三件事情：

1. 监督投资组合企业的进展

2. 用其关系网帮助加强投资组合企业的技术管理团队

3. 通过其在董事会的影响，塑造公司计划和战略

风险资本运作过程的最后一步是风险公司收获部分或全部投资，这通常发生在其投资组合公司上市或被其他公司收购时。在网络泡沫时期（以及泡沫破裂前的时期），这种机会经常在一两年内出现。在正常时期，收获一般要在四五年以后。投资者和风险资本公司按照他们的合伙条件分享收获的利润。[6]

图 7—1

风险资本流程

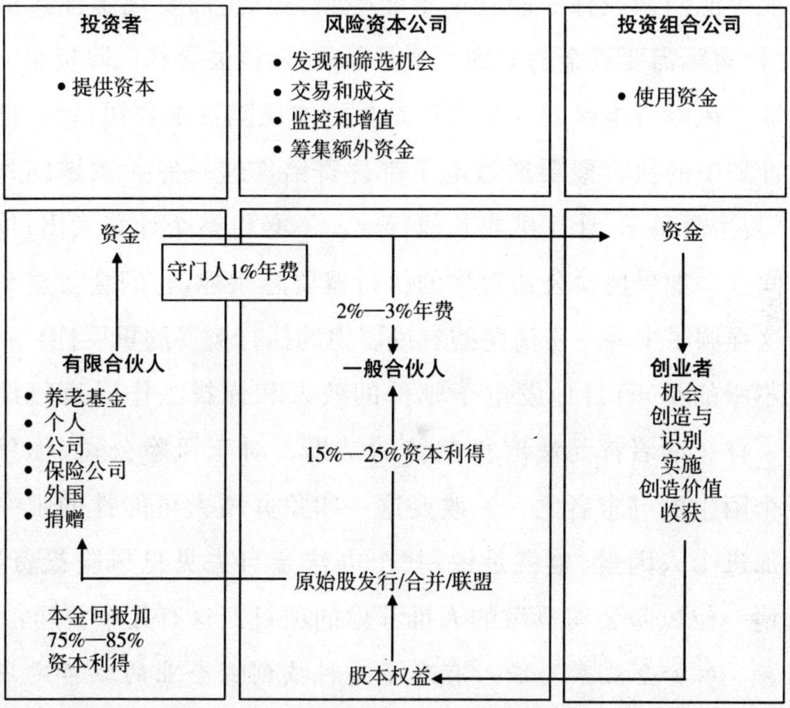

来源：William D. Bygrave and Jeffry A. Timmons, *Venture Capital at the Crossroads* (Boston: Harvard Business School Press, 1992), 11。经同意使用。

联系风险资本家

如果你的企业符合标准，有可能风险资本公司会在你找到它之前先找到你。有竞争力的风险资本公司到处寻找有前景的交易。它们和高科技产床的人联系，如麻省理工学院研究实验室、斯坦福大学;他们在硅谷、北卡罗莱纳州的研究三角地带,在圣迭戈(San Diego)的生物工程社区等地运作创业网络。但是如果你需要风险资本,你不能等他们来找你。而且你不能等到你真正需要现金注入那一刻;在你实际需要资金的6到8个月以前,就该去寻找风险资金。

联系风险资本家的一个途径是找一本风险资本公司目录,把你商业计划中的执行概要通过电子邮件寄给你这一专业领域的每一家公司:生命科学、计算机或其他行业。不必将整个计划发出;他们没时间读。如果风险公司对你的执行概要感兴趣,它们会要整个计划。这强调了书写一份清楚的有说服力的执行概要的重要性!

不幸的是,盲目地发电子邮件的效果和你找工作时盲目地发简历一样。两者都无法取得期待的结果。对于风险公司,你只是成千个陌生的寻求者之一。改变这一印象并增大可能性的唯一办法是加进个人因素,也就是说,找个办法亲自去见见风险投资家,或者请一位风险公司尊敬的人推荐你的项目。这有几个技巧:

- 参加企业家论坛。有众多高科技创业企业的城市定期举办活动把企业家和金融家聚到一起。一般地,每一家风险公司有一张单独的桌子,每个急切的企业家会得到5到10分钟的去拜访它们和推销自己的机会。只要有可能就去参加这些论坛。但是要充分准备。做一个短暂但有说服力的令人振奋的演讲,讲述你发现的机会,以及你的团队打算如何利用它。

- 准备一个20分钟的陈述。任何时候当你找到一个风险投资家时(像刚才谈到的那样),请示去其办公室做陈述的机会。陈述要简短,组织得比较完善,有说服力,并且事先演练过。讲要点，如果对方问及，准备好补充细节。

- 你团队中要有合适的人员。风险资本家也许不知道你或你的公司，但是如果他知道和尊重你团队或董事会中的某个人，你可能有面谈的机会。当你组织管理团队，选择顾问和董事会成员时，记住这点。使用一位当地风险资本公司高度尊敬的律师。如果其他因素相似的话，选择与金融家有个人关系的董事会成员。

风险资本公司找寻法

《普拉特风险资本来源指南》(*Pratt's Guide to Venture Capital Sources*)，由斯坦利·E. 普拉特(Stanley E. Pratt)编辑，在 Amazon. com 可以找到，是一个详尽的风险资本来源列表。指南的组织方式能让你快速找到有你期望的特点和兴趣的风险投资公司。这本 475 美元的图书定期更新。也有网络版。

网上还有风险资本之门(web. vcgate. com)，这个网址提供一个广泛的目录，包括全球的风险资本、私人权益、商人银行和其他投资公司。风险资本之门的数据库使搜索快捷高效。这个数据库声称有来自美国、加拿大、欧洲和亚洲的大约 3,800 个列表。

做陈述

假设你成功地和天使或风险资本家取得了联系，并被邀请去做关于你公司的陈述，你如何去做？这样的机会可不是天天有的，所以你浪费不起。第一资本顾问公司(First Capital Advisors, L.

C.)，一家犹他州普罗沃市(Provo，Utah)帮助企业家获得资本的公司，给出了图7—2所示的做一击中的陈述的10个诀窍。

反复演练陈述直接烂熟的程度。你必须传递这样一种印象，你掌握了事实，并且对公司及其前途有充分信心。第一资本顾问公司人员说，你做完陈述后，要期待听众的一些尖锐问题。预想到他们的主要问题，并准备好每个问题的坚实的答案。

图7—2

有效陈述的十个诀窍

1. 陈述结束前不要发任何资料——你的听众将翻阅资料而不听你讲述。
2. 一开始就说明交易内容。例如："我们打算以每股一美元出售普通股票以募集50万美元的资金，占公司全部股份的20%。"潜在的金融家想知道你怎么算出的20%，以及你为什么每股定价一美元。
3. 公司是如何估价的，以及你如何算出的？(上述公司的价值为250万美元。)
4. 哪些人现在拥有多少股份或多少百分比的股份？他们获得公司股票的投入是什么？发行过或建议过哪些期权或认股权证？
5. 假如你潜在的投资者是你所卖产品或服务的顾客，说明你的主意和竞争定位。不要做技术性解释。
6. 一份按时间顺序排列的商业计划很关键。详细解释，而不是泛泛地说明，你将如何销售。
7. 说明资金的用途。投资者的金钱将如何使用？
8. 说明现有的管理团队为什么将会成功，而且，如果他们有过一连串的成功，那你们为什么没有自己的大笔资金，你们为什么需要天使或风险资本公司的资金？
9. 不要告诉他们退出战略将是新股发行或私下卖给另一家公司或者是兼并，除非你管理团队中有人曾做过这些事，或者除非你有细节说明此目标将如何实现。如果你说你将要做原始股发行，想清楚由谁来做你的承销商，有证券交易委员会承认资质的审计师，以及证券律师。准备一个全面的时间表。
10. 提供你现在的财务报表以备检验，无论报表多么难看。

来源：First Capital Adivsors，L.C.。经同意改编。

表 7—1

使用风险资本的优缺点

优点	缺点
● 是企业成长和发展融资的成功模式。	● 风险资本公司可能要求多数股份(51%)。
● 必要之恶。天使，拨款，公司资金可能太少，来得太晚。	● 风险资本公司51%所有权使公司无资格享受小企业创新研究(SBIR)拨款。
● 风险资本有助于长期股东价值的最大化。	● 风险资本公司在低估值基础上出价，提出的金融条件不利于所有者——“秃鹫”资本。
● 有助于加快产品开发等。	● 最近交易很少。风险资本公司现在极端挑剔和缓慢。
● 如果出现挫折，风险资本公司的大钱袋可能解救公司。	● 与创业期公司相比，风险资本公司更喜欢后阶段公司。
● 风险公司可以协助公司上市。	● 风险资本公司的董事地位可能不如承诺的那么有用(有些在十几家公司任董事，其余时间用来评估新交易)。
● 风险资本可以使公司合伙人或后续投资者认可公司的强健和声望。	
● 风险资本家进入董事会，增加价值和目的性。	
● 风险资本家是聪明的、有经验的成功企业家(例如，以前的CEO)。	

来源：Michael C. Luecke，经同意改编。

风险资本公司应该得到你公司的多大比例

如果一个风险资本公司喜欢你的公司及其前景，它可能同意通过可转换优先股或某种类型的可转债（前面谈过）注入现金。但是因为风险资本公司可以选择转换成普通股，它实际上取得了一部分所有权。问题是：作为其资金回报，风险资本公司应该得到全部股权的多少份额呢？500 万美元能让风险资本公司得到 20%、40%，还是 51% 的股份所有权呢？

这对企业家来讲是最关键的问题之一，决定于公司的估值。如果风险资本家说："我们评估你的公司值 600 万美元，"详细问清这个数字是怎么来的。估值是科学也是艺术。因为风险资本公司对两者有更丰富的经验，所以比企业家有谈判优势。为了站在平等地位，聪明的企业家请专业人士帮助做企业价值评估。这是公平分配所有权的最好保障。

企业评估的方法有时非常复杂——本章无法详述。尽管如此，你自己应想办法熟悉评估方法。（见本书附录 C，可以概观典型的使用方法。）

更多了解

对于创建者—企业家来讲，和风险资本家谈判是一个高风险游戏。要想了解更多有关问题，并发现你如何能成为一个更有效的谈判者，见本书"扩展阅读"部分的案例注解参考"风险资本谈判：风险资本家对企业家"。

使用风险资本的一点告诫

每个成功的企业最终都需要成长以实现其完全的潜力，天使和风险资本公司能给每个成功企业提供资本。他们也是有用建议的来源，并且，他们的个人关系网为企业提供接触供应商、战略伙伴和管理人才的机会。对于任何期待发行原始股的公司来说，有一位风险资本家站在他们一边几乎是必须的。一家好的风险资本公司有促进原始股发行的成熟的知识、关系和经验，而且发行条件能使股东价值最大化。

然而，外部资本优点的成本很高。风险资本可能是你能使用的最昂贵的资本形式。看看 eBay 从基准资本公司拿到 500 万美元付出 22%的公司所有权。商业银行可能三年中从这样一笔贷款中得到 200 万美元利息，eBay 的风险资本家在同期得到 490 倍的巨额回报，超过 20 亿美元。诚然，基准公司的确帮助这个年轻的公司录用了一位能干的经验丰富的 CEO 和其他管理团队成员，但是一家优秀的总裁猎头公司只需不到 20 万美元也能做同样的事。风险资本公司在企业成功上市中也起了重要作用，但是那个工作值 20 亿美元吗？因为花合理的顾问费用便能得到投资银行的建议。经验教训：如果企业失败，风险资本免费，但是如果企业成功，风险资本对于企业家非常昂贵。

另一件事就是控制和可能的利益冲突。如果风险资本公司在企业中股权很多，如果风险公司和创立者不能和谐共事，风险公司可能会使企业主的日子很难过。风险公司甚至有足够的控制权“炒”了创立者。而且，风险公司的想法可能是使公司迅速通过原始股发行上市，或者把企业卖给一家大公司，兑现其投资，然后继续下一个项目；而创立者可能希望在更长时间内保持私人公司状态，并按长远规划建设公司。

由于这些原因，很多企业家把风险资本家看成是必要之恶，或者，在最坏的情况下，看成是“风险秃鹫”。表7—1总结了每位企业家都应该考虑的风险资本的优缺点。

一家具有巨大增长潜力的快速成长企业几乎无法避免使用外部股权资本，但是其他企业可以，或者在它们为自己创造真正价值时，推迟使用外部资本的必要性。这里有几个诀窍：

- 尽可能多地使用自举融资。这种融资方法不会迫使你放弃所有权。
- 利用现有融资以一种你能把握的速度管理成长。即，通过多种方式，包括内部生成现金流，自举资金，贷款，与客户和供应商结成伙伴关系。
- 精打细算使用资金。保持低开支，并且找到每一个机会少花钱多办事。
- 只要可能，把非必须的业务外派出去。这能让你用更少的资金做更多的事。现代经济充满了合同生产商和组装商、订单履行公司、信息系统，甚至有公司可以处理你公司人力资源业务的所有交易方面的事务。

企业家也应明白，企业越牢固，当他们与外部投资者谈判的时候，他们越能为自己争得好的交易。不是把企业或控制权让出，而是他们自己能够保留得更多。一个能生存的企业如果并不十分急于用钱，将可以得到更好的交易条件。

小　结

- 外部风险融资最可靠的来源是所谓的商业天使。
- 天使是有高净值的个人，他们向创业企业提供早期资本。
- 建立人际网络常是和商业天使联系的最好方式。
- 风险资本家是寻求高额资本收益的个人或公司，他们为高潜力创业机会提供早期股权或与股权相联的融资。
- 企业家不应浪费时间寻求风险资金，除非他们有风险资本公司寻找的所有特点。
- 多数风险资本使用可转换优先股的形式或相似的工具，比如带认股权证的可转债。
- 获得风险资本不错，但是从经济和丧失企业控制权角度来看，是很昂贵的。

创业者百宝箱

8 上市

8 上市

资本市场历险

本章主要话题包括：

- 上市的利与弊
- 原始股发行人资格
- 投资银行的作用
- 交易的八个步骤
- 私募之选择

在某一时点，具有特别销售潜力的成长企业通过向个人或如养老金和共同基金这样的机构投资者发行原始股以募集资金。这一活动的结果是公司通过大量交换纸面股份以获得企业稳定和扩张的硬通货。

原始股发行标志着公司生命的一个重要里程碑。这意味着已经赢得其圈内参与者以外的人们的信任，而且企业要对更广阔的人群负责，包括股东、分析师和政府监控者。

也许不到5%的读者会直接用到本章所包含的信息，因为只有很少一部分创业公司可以上市。很少有创业公司可以达到必须或可能上市的程度；尽管如此，公司创始人、关键员工和早期投资者对这种形式的融资回报非常感兴趣。因此，如果你对这部分内容感兴趣就往下读，如果缺少时间，就跳到下一章。

这一章分析上市的利与弊，以及这种融资形式的发行人资格。投资银行在准备原始股发行和完成交易方面起关键作用。这里概述这一作用。本章还概观新股发行从计划到实际成交的过程。最后，本章分析交易后的环境。

> **法律问题提示**
>
> 本章写作的视角为美国公司和美国证券法律程序。美国以外读者应该参考本国的证券法律程序。

上市的利与弊

你可能读过很多创业公司创始人和关键员工的报道。在他们的公司上市之前，这些人的经济状况非常一般。到了第二天晚上，这些人已经是百万富翁了。真可谓一夜暴富啊！

例如，创始人皮埃尔·奥米迪亚在 1998 年 eBay 上市前夕有 4,400 万普通股——只是一些没有市场的纸片。他住在租来的房子里，开一辆老捷达。第二天股票开始在纳斯达克(NASDAQ)上交易，并开始一路飙升。不久后，奥米迪亚的纸股票市值超过 40 亿美元。其他员工和早期投资者分享了财富。

但是 eBay 股票开始交易这天，发生了其他事情。有些变化是好事，有的不好。

利

获得个人财富是上市的好处之一，但不是唯一的好处。市场化所提供的流动性使创始人和持股员工可以实现他们所需要的流动，以便提高生活水平，更有效地计划财产，以及将资产多元化。同时，通过新股发行流入公司平衡表的现金有以下积极效果：

- 可以偿还昂贵的付息债务。
- 使公司有开发新产品的资金和将产品卖出的营销资金。
- 改善的债务/权益比例能够以更好的条件得到（如果需要）债务融资，否则不可能。
- 现金和公司自有可售股票可用做战略收购资金。
- 企业财务稳定性改善，能够吸引人才，供应商和合资合伙人。
- 上市公司打开了一扇门，未来可通过股票和债券销售多次融资。

注：原始股发行不给予公司内部人员完全流动性。美国证券法规对内部人员的股票销售有限制。

弊

原始股发行的收入给所有者和投资者带来了重要利益，但很多 CEO 和首席财务官(CFO)证实,上市公司的地位福祸兼有。是的,他们得到了钱,但他们也得到了一些他们不想要的东西。他们现在必须在每个报告期给“亲爱的股东……”写信。但这倒不用费什么事。成为上市公司有以下最重要的不利之处:

- **原始股的发行开支。**仅仅是使原始股通过证券交易委员会(SEC)注册和审核就会产生大量法律、会计、印刷和咨询费用。然后还要交证券交易委员会和州证券的备案费,并要向股票上市的交易所缴纳费用。

- **管理层的时间和精力。**准备原始股发行在几个月内耗去高级管理层大量的时间和精力。路演也同样费时费力。路演要求 CEO 和 CFO 花大量的时间到全国各地参加投资人会议。即使是原始股发行后,这两位执行官也必须花时间解答投资者和证券分析师的问题。公司可能需要设置一个投资者关系经理以应对这些新股东。

- **公众的审视。**公司现在是一本翻开的书。公司财务状况和主要执行官的报酬可供任何感兴趣的人查阅。公司的 10-K 报告包含竞争者肯定会发现的有价值的信息:主要供应商的名字、产品开发计划、全盘战略,等等。

- **稀释。**向公众出售股票通常会导致创始人和主要经理所有权的稀释。大量公司股票现在被外人拥有,多数是机构投资者。现在可能还有数以千计的小投资者,持有股票不足千股。

- **短期收益的压力。**尽管多数 CEO 不承认,分析师和投资者对可预测的逐年赢利增加的期待,使决策者处境困难。他们可能不情愿采取措施保证长期利益，如果这样做威胁到短期结果的话。

原始股发行人资格

成为公众公司的好处大于其坏处吗？有时候是，有时候不是。即使好处很多，你的企业也不一定有资格发行原始股。实际上，发行原始股除了一小部分公司外，对大多数公司不过是白日梦。这一节讲述一些你要考虑的因素，这之前先不要把你的企业作为上市候选企业来考虑。

二战后的大多数时间里，美国公司是在有了实在的销售和赢利记录后才上市的。毕竟，原始股投资者被劝说买一支能成为造钱机器的股票；他们要机器能够真正工作的证据。

当公司拥有专有技术或一支经检验的管理团队时，要求销售和赢利记录的保守做法有时被放置在一边。在这些情况下，投资者愿意赌公司潜力会带来赢利结果。在很少的时期——90年代中后期是其中之一——除了一个好主意其他什么都没有的公司也能卖掉原始股。在随后的几年中，很多这样的公司没能显示其价值。

所以，发行原始股的能力在一定程度上是由投资者的情绪和期望所决定的。然而，在正常时期，当投资者既没躲在碉堡里也没受改变思路的物质的影响时，要成为合格的原始股发行人，创业企业需要具备这些特征：

● 一个可信的 CEO,他/她能将企业的远见传递给谨慎的外部人士。

● 合理的交易大小。考虑到发行原始股的成本,募集 1,000 万以下的资金没有多少意义。如果你要募集那么多,必须有一个实在的使用计划。

● 成长的证据。公司应有不断增长的销售额,并有证据表明赢利会随之而来。投资者期待股价不断上升,是因为销售额呈两位数的增长,而赢利也以更高的速度增长。如果没有赢利记录,所有迹象都应指向未来几年的巨大赢利能力。这种增长应支持高于历史上 S&P 500 指数或罗素 2000 指数(Russell 2000)的市盈率倍数。

● 难以复制的出色产品或服务。

● 高素质的员工。

● 合乎逻辑的增长战略。

在一项关于成功上市的研究中,厄恩斯特和扬公司(Ernst & Young)发现,很少人会想到私人向上市公司转变的另一个条件特点。这项研究发现成功公司远在没上市前就开始做得像个上市公司了:"(这些公司)改善了员工激励方案、战略规划、内部控制、财务会计和报告、总裁报酬,以及投资者关系政策。"[1] 这些企业的投资者在买一家有着专业管理标志公司的所有权。

到哪去找原始股发行信息

你对这星期要上市的公司类型好奇吗？想知道股票发行后数月股票价格交易好不好吗？你可在下列网站找到这些和其他信息：www.hoovers.com/global/ipoc/index.xhtml。这个网站告诉你目前哪些公司已准备好上市（“在甲板上”）。网站简要介绍了这些公司，它们的营业额、员工人数、资金募集额，等等。在这个网站你还可以浏览最近上市的一批公司；方便的价格图表让你一眼就知道自发行日起股东是赚钱还是赔钱了。去看看。

投资银行的作用

上市是一种专业活动，需要特殊技能，创业公司中的人员没有这种技能，也不应该有。这些技能可以从投资银行那里得到。

投资银行不像我们更熟悉的商业银行。投资银行不做吸收存款和发放贷款的业务。投资银行作为代理人和成交人为商业实体寻找资金。投资银行做下列事情，并取得报价的6%到10%的可观费用回报：

1. 帮助发行公司通过法定程序。具体讲，投资银行帮助公司完成与发行证券相关的严格的监管手续。这包括制作招股说明书。招股说明书用简要形式向潜在投资者充分介绍公司、业务、财务状况，以及公司计划使用证券发行资金的办法。

2. 为所售证券定价。当股票第一次向公众出售的时候，无人明确知道该如何定价。股票没有被有意愿的买方和卖方反复交易过,所以不能肯定市场均衡价格。资金募集公司自然想把股票价格定在市场能够承受的高度;这么做可以使流入公司金库的现金最大化。但是投资者期待新股定价应比长期交易股票有优惠。投资银行在困难的定价问题上有专业知识,而且能够协调相互分裂的目的。

3. 安排分销股票。尽管发行公司拥有股票,但是投资银行能够接触潜在的购买者。通过组成负责分销的经纪商—交易商辛迪加,投资银行保证"运送商品"进入养老金,共同基金和个人投资者的投资组合中。多数情况下,投资银行以固定价格从发行公司手中拿过股票,加价到某个预先决定的利润水平,然后用自己的分销渠道,以及辛迪加伙伴的分销渠道把股票卖给投资公众。在这种意义上,投资银行承担卖出几十万股股票的风险。

原始股发行过程概述

现在你懂得了上市的利与弊以及你公司是否有资格上市,让我们看一看上市过程。上市过程有一些步骤;有些步骤必须按顺序做,另外一些可以同时做。非常简单地讲,这些步骤如下:

1. 选择承销商。承销商——指前面谈过的投资银行——将与管理团队合作处理细节。在较大的交易中,会有一个主要承销商和几个联合经理人。

2. 准备好注册陈述以向证券交易委员会备案。注册声明是联邦法委要求的一种文件，强制申请公司披露以往的经营业绩、公司信息，以及原始股发行资金的计划用途。

3. 做到尽职调查。尽职调查是注册陈述中包含的事实和风险陈述调查；尽职调查的目的是保证所有事实和陈述的准确性，以及其他有关事实未被遗漏。公司在用非正统的会计惯例吗？公司目前有法律诉讼吗？公司有专利或正在等待专利批准吗？尽职调查是准备和签署注册陈述者的责任。

4. 印刷和散发招股说明书。简要招股说明书是注册陈述的一部分，包含公司信息和募集资金的计划用途，招股说明书发给潜在投资者以引起其对交易的兴趣。

5. 准备和进行路演。这是一系列会议，通常在全国的大城市举办，在会上，潜在投资者就公司和计划发行股票盘问 CEO 或 CFO(或两者)。

6. 就最后价格和出售股票数量达成协议。这是过程中最重要的一步。一家具体公司的一部分股权实际值多少钱？尽管这个问题重要，答案不仅基于科学，也基于艺术。寄给投资者的招股说明书标明了一个价格区间——例如，15 美元到 20 美元。然而，随着那一重要时刻的到来，承销人将查看股票需要，可比公司在最近发行原始股所得到的价格(如果能找到可比公司)，以及公司的预期收益。承销人还会建议一个价格，该价格将给这只新发行股票的投资者以好于平均的赚钱机会——即，价格略低于发行后几天内新股交易的可能价格。如果发行公司不接受此价格，则可以停止发行。

7. 开始交易。当价格制定和最后监管手续办妥后,股票可以在所选的交易所开始交易。

8. 完成股票买卖。新股发行的最后一步,股票凭证送达股东,承销商将资金(减去承销费用和支出)交给发行公司。公司现在有钱了。

这一过程一般需要四到五个月。如果一切顺利,创业公司最后有了大量现金,并准备开始其生命的第二个阶段——公众交易公司。承销人通过向新公众公司投资者提供经常的研究而支持第二阶段。所做研究可保持公众对公司的关注,如果消息一直很好,将可以支持股价。

当然,原始股发行过程要比这里讲到的多得多。例如,在公司备案之前、之中和之后,公司披露消息受到限制,而且内部人员出售股票受到限制,叫做“锁定协议”。美国的证券发行规则真是繁多难解——这也是为什么必须要有专业的帮助。

eBay 上市:一个简短案例

为了更好地理解新股发行过程,看一看 eBay 的案例。该公司是一家网上拍卖公司(本书介绍过),1995 年开始运营。

eBay 于 1996 年在加利福尼亚成立公司。一年后将 22%的股权作价 500 万美元卖给了风险资本公司基准资本公司。到此时公司的融资还完全是私人融资——在主要资本市场之外。即便是后来销售的系列优先股也是私下卖给了一批富有的投资者。eBay 于 1998 年 9 月发行原始普通股时第一次使用了公开资本市场。这次原始股发行方式的完成既典型又有启发意义。

像其他急于开发股权资本大池的公司一样，eBay 寻求了投资银行的帮助——在这一案例中，用的是高盛公司（Goldman Sachs）。高盛公司是一个投资银行集团最大的承销商，该集团还包括罗伯逊·斯蒂芬斯银行（Bancamerica Robertson Stephens）和 BT 亚历克斯·布朗公司（BT Alex. Brown）——两者都是重要成员。

eBay 上市前的一段时期，eBay 的 CEO 和 CFO 花了 10 天在 21 个城市进行了路演，向投资者群体做了系统陈述。路演是股权发行的标准程序；路演的目的是说明发行股票的公司的业务并引起投资者对股票发行的兴趣。

当时的投资气候是确实无疑地喜忧参半。道琼斯工业平均指数（Dow Jones Industrial Average）走低，纳斯达克综合指数围绕 2000 点大关上下波动。那一波将把纳斯达克指数推上天的巨大的高科技网络繁荣还在地平线上。尽管如此，eBay 及其投资银行相信时机合适，于 1998 年 12 月 24 日开始出售原始股。根据公司 10-K 报告，只有 400 万多一点的股票卖掉了，这些股票给羽翼渐丰的公司带来了 6,600 多万美元。这笔资金进入公司金库，eBay 管理层将用这笔资金支持公司未来几年的增长。

eBay 的原始股定价现在看起来是极便宜的地下室水平——大约 8 美元（考虑到以后的拆股）。当股票开始在柜台上交易之后，高涨的出价大幅推高了股价。随后的网络狂热，加上 eBay 是唯一真能赚到钱的主要网络公司，都大大影响了股价。在 6 个月中，公司的股价涨了差不多 15 倍。

快速增长的 eBay 用其高股价作为一种现金形式为大批收购融资。例如，1999 年 5 月，eBay 做了三个大收购，每个收购目标都是增加其核心业务的宽度。这些收购包括巴特菲尔德和巴特菲尔德公司(Butterfield & Butterfield)，一家地位牢固的实时拍卖行，eBay 用大约 130 万 eBay 的普通股收购过来。克鲁兹国际公司(Kruze International)，一家老式汽车拍卖专业公司，是另一个例子。这也是全部用 eBay 普通股收购来的。Billpoint 也是如此收购来的。这是一家小型公司，该公司开发了一套开票付款方案，使个人和小商人可以接受使用信用卡支付的国际交易款项。这些收购没花一分钱现金——这是高股价上市公司的一个好处吧。

但是 eBay 和外部投资者的交易远没有结束。像其他成长型公司一样，eBay 发现需要再回到市场获得更多股权资本。这次它发行了 500 万新股。这一 1999 年的事件给公司平衡表上增加了超过 7.13 亿美元的额外股权资本。

上市以外的选择

如 eBay 案例所示，发行原始股正是成长型公司扩张并充分发挥其潜能所需要的。但是很少有公司有这样的规模或增长潜力使它们可以获得这类融资。有些公司所处的行业非常不受投资公众青睐,因而不会有多少人愿意购买其股票。也有一些公司故意放弃上市机会以避免与上市相关的负面特点。这些公司获得大量股权资本之路被切断了吗?没有。这些公司现在的投资者不能收获他们的投资吗?答案还是不。也有上市以外的选择:通过私募出售大块股权,以及出售公司自身。让我们先在这里考虑一下私募,在后面的一章中再考察出售公司。

私募是指将公司股票出售给一个或几个私人投资者而不是社会公众。很多情况下,这些私人投资者是老练的金融机构,如保险公司、养老金、捐款基金,它们寻求比公开投资更高的回报。私募的一个关键好处是这类交易免去了证券交易委员会注册的要求(尽管有些州有要求)。因此,创业企业不用花上市的时间和费用就能得到一大笔资金。公司的管理和经营业绩也不受上市后的公众审查。

私募融资可用几种形式:优先债务或次级债务、资产支持债务和股权。因为这些是私下交易,公司和投资者能够找出适合双方的安排。例如,如果公司倾向债务,而投资者坚持分享公司的上升潜力,投资银行能够设计一项债务工具,利率低于市场水平(有利于公司),但附有认股权证(对投资者有利)。认股权证是一种给予持有者购买认股权证发行公司的普通股权利的证券,投资者按给定的价格和时间购买股票。给定价格一般高于当前股票市值。

对投资银行的需要

无论你以何途径取得外部资本,通过原始股发行或是其他方法,一定要听取经验丰富的投资银行的意见。商业银行和证券经纪商—交易商有做此项工作的专业部门。他们的服务很贵,但他们有技术专长和投资者关系,你需要这些达成对你有利的交易。关于此话题的更多信息,见本书后“扩展阅读”中所列的来源。

小　　结

- 发行原始股除了一小部分公司外,对大多数公司是白日梦。
- 上市为成长型公司带来急需的现金,为公司所有者带来变现和使财富多元化的机会。
- 上市的缺点是开支,占用管理者时间,稀释股权,公众的不断审视,产生短期收益的压力。
- 不要考虑上市,除非你的公司有这些特点:有一名懂得如何与各方面交流的CEO;融资规模达到1,000万美元或更多;销售额和收益有两位数的增长记录(或收益很显然会马上到来);有出色的不易复制的产品或服务、高素质的员工以及合乎逻辑的增长战略。
- 投资银行提供了两个必要因素:使上市通过注册过程的技术知识,以及向投资公众分销公司股票所需的销售网络。

- 从一个渴求现金的美国公司角度看，上市有八个步骤：选择承销商、向证券交易委员会准备和备案注册声明、做到尽职调查、散发简要招股说明书、高级管理层进行路演、决定股票价格和发行股票数量、开始交易、完成股票买卖。
- 很多情况下，私募是一种代替上市的好选择。

9 企业成长

9 企业成长

对管理层的挑战

本章主要话题包括：

- 创业企业可持续增长的三个关键问题
- 成长所引发的不同管理模式
- 当公司变大变复杂后的换岗选择

增长是每个创业企业、其创立者和投资者的目标。生活方式企业业主满足于他们或他们的家庭成员能够方便地经营的企业，创业型企业则期待更多。它们渴望销售额增长，拥有更大的市场份额以及更好的利润。有一部分企业目标更远大：改变人们工作和生活的方式。

然而，增长是好坏参半之事。如你早先看到的，如果企业要跟上对其产品或服务的不断增长的需求，通常需要注入外部资金。外部资金的每一块钱都有负效果。债务资本增加固定费用，使企业更危险。外部股权资本稀释创立者的所有权和控制权。

寻找更多资本只是增长导致的一个挑战，而且最终它可能不是最关键的。毕竟，资本自然流向成功企业。更大的挑战在营销，战略，人力资源方面，而且，可能最重要的是从创业者管理向专业化管理的转变。本章探讨这些挑战，重点阐述当企业扩张后，企业家如何改变其角色。

成长的影响

惠普公司起源于加利福尼亚州帕洛阿尔托市的一个小车库。1938 年在那里，比尔·惠利特(Bill Hewlett)和戴维·普卡得(David Packard)开发了一个声音振荡器。沃尔特·迪斯尼(Walt Disney)制片厂订购了 8 台用于制作一部叫《幻想》(*Fantasia*)的影片的音响效果。第二年，两位年轻工程师将两人的伙伴关系正式化。那年这家企业有两个员工——比尔和戴维，营业额为 5,369美元。

一年内，惠普销售额翻了一倍还多，聘了一位新员工，搬到一个更大的租来的车间。战争年代为信号发生设备带来了军事订单，订单太多以后公司又建了新工厂，雇用了更多的人以完成工作。到 1943 年战争的高潮，惠普工资单上有 111 人和接近 100 万美元的销售额。

创始人惠利特和普卡得在最初几年学到了经营企业的一两件事，也实现了他们个人从技术神童到领导者和管理者的转变。普卡得战时作为军官的个人经历无疑对他们很有启发。二人学到了第一条法则：管理就是通过人得到结果。他们自己的技能不充分，他们需要借助很多员工的才干和能量。

电子产品创新和战后蓬勃的经济给这些公司创始人带来了新

的挑战。他们需要在和平时期的经济中发现新的市场机会，并开发战略满足这些机会。同样重要的是，惠利特和普卡得必须建立一种管理方式和公司文化，这样才能吸引人才并鼓励他们做出最大贡献。这种方式和文化，后来被称为惠普方法，是在 20 世纪 40 年代末和 50 年代初逐渐演化而来的。

按照现时代的标准，惠普从两人合伙企业成长为一个拥有 9 万员工服务于 10 亿客户的全球企业的速度显得相当慢。当公司达到 1,000 员工这一里程碑的时候，19 年的时间已慢慢过去了。根据公司自己的公司史记录，公司如何增长和应该变多大是那些年激烈的内部争论话题。更引人注目的是，惠普直到 1957 年才成为上市公司，大约距比尔和戴维在帕洛阿尔托市车库开始工作已过了 20 年。这一故意安排的速度同最近快速崛起的创业公司形成了鲜明的对比。戴尔公司仅在几年内就突破了 1,000 员工大关，并在四年后冲刺上市。星巴克经历相似。办公用品超级商场连锁店 Staples1986 年在马萨诸塞州布赖顿开设了第一家商店，仅三年后就发行了原始股。

你的创业公司可能永远成不了惠普，而且有很大可能也永远不能实现戴尔、星巴克或 Staples 火箭上天一样的增长。尽管如此，仅是突破创业初期并经历一定的健康成长也会使你面临和那些公司同样的危险转折和挑战。销售扩张引发所有支持销售活动的增长：材料采购、库存管理、生产、物流、交易会计和售后服务。销售增长迫使管理层研究新的分销渠道，延伸产品线的可行性以及进入新市场的可能。新客户导致对客户服务和保留客户战略的需求。

销售增长也必须得到人员支持——在生产线，装运、销售和售后服务方面的人员支持。有了更多的员工，公司必须有专门的人力资源人员处理录用、遵守劳动法和福利管理方面的事情。别忘了财务。如果没有知识丰富的CFO和会计人员付款和收款，保持开支平衡，企业很容易翻船沉没。

面对这些挑战，企业家应小心谨慎地拓展业务。很多有希望的企业失败了，因为它们无法走过最初的成功。你和你的管理团队做好了成功的准备了吗？

支持成长

假设你已经度过了创业初期，正在经历销售额的增长，你必须问自己三个问题：

1. 我们的战略可持续吗？
2. 我们有独特优势让我们能成功地拓展到其他市场吗？
3. 企业扩大规模有实际的可能性吗？

最理想的是，在规划企业时你已经考虑了这些问题。即便如此，你仍需要回顾这些问题，并在需要的地方做出调整。我们详细地看一下每个问题。

可持续战略

根据定义，战略是企业通过差异化而获得竞争优势的方法。强劲的销售增长证明你的战略有效。问题是，此战略还能继续有效多久。也许你的战略基于新的超级产品或技术，或基于你有能力以更低价格或以一种能给顾客带来极大方便的办法生产一种普通产品。

例如，西南航空公司的战略是以低价提供更多的，只有起码必需品的短途航班。这就使它同当时其他航空公司提供的航班不同，这一不同给西南航空以竞争优势。因为只有另外一家美国国内航空公司有能力把这事做得一样好（蓝天喷气机航空公司）。西南航空的战略具有相当的可持续性。

但是很少有战略长期可持续。最终，某种变化削弱了竞争战略：新法则，解除管制，引进一项新型超级技术，或一种新工艺使产品能够被快速制造出来、变得便宜或更好。其他情况下，创业企业（例如你的企业）创建了一个新市场；如果此市场有利可图并不断增大，其他人会发现其潜力，并用他们自己的产品或服务进入市场。

家庭录像是一个例子。当电影出现在 Beta 和 VHS 录像带上时，企业家开办租赁商店服务于当地市场，很多人享受了增长和利润。但是因为没有进入障碍，竞争者很快进入这一领域。首先，日用品超市和药店开设自己的录像部。然后，具有规模经济和经营范围优势的全国连锁企业进入市场。没过多久,当地企业家曾享受利润的市场充满了提供同样产品的竞争者。一旦需求得到满足,激烈的竞争导致降价和低利润。

这样的事会发生在你的企业吗?

为了保持增长,不断向前多看几步。判断市场的趋势方向,然后站在趋势前沿。找到把潜在竞争者关在门外的办法。eBay 做到了这点,办法是投入大量资金建立品牌并迅速把其网站建设成买卖商品的唯一地点。eBay 在相关方面的成功有效地把主要对手关在门外。想卖的人有所有理由把他们的东西列在 eBay 上:那是多数买家去的地方。买家也直奔 eBay:那是他们找到销售货品最多的地方。这成为一个竞争者不能打入的良性循环。

eBay 的战略不太可能适合你的企业,但是有其他办法使自己成为受青睐的销售商或阻碍对手进入你的市场。这有几种办法:

- 利用学习曲线。如果你第一个进入市场,不断改进产品设计和生产效率将使你更廉价地出售产品,但保持相同利润。后进入市场的竞争者不能在学习曲线上赶上你,注定只有微利或者根本无利润。
- 不要为了最大赢利把价格定得太高。竞争者被吸引进入高利润边际市场。如果你第一个进入市场,你能够使市场对竞争对手没有吸引力,如果你和你的投资者愿意定低价,并接受较一般的利润边际。面对较少的利润,潜在竞争者可能远离这个市场。
- 不断向顾客推出新产品。想出所有办法使你的产品更有吸引力:增加新特征或色彩选择,降低价格,更便于购买,解决质量问题,或者提供非常好的客户服务。

这些措施可以给竞争者制造障碍,或者使你在一个拥挤的领域成为受青睐的销售商。这些办法会一并帮助保持增长。

拓展进入其他市场

你的企业有独特的优势成功进入其他市场吗?如果有,你将不断成长。其他市场可能是你现在在地理上还没有覆盖到的分销区域。假定那些未服务地区顾客的需求和你现在满足的顾客的需要相同或相似,地理扩张就是答案——或通过你自己的销售和营销活动,或间接通过分销商或销售代表来进行。

其他未开发市场也可以在你现在的地理区域找到。这有几个点子:

- 为同样的产品找到新用途。例如,几乎每家厨房都有一小盒发酵粉(碳酸氢钠)。多数家庭做饭一年也用不了一盒。一家主要供应商打算改变这一点。该公司的广告宣传鼓励人们把一盒打开的发酵粉放在冰箱里以吸收食物气味。当然,公司建议每月换一盒。把发酵粉混在猫的粪便盒内也是一种促进销售的主意。这一宣传大大增加了对新客户的宣传,还产生了很多新客户。
- 根据其他缝隙市场的需要,找出办法改变或定制你的产品。例如,瑞士斯沃奇(Swatch)手表生产商学会开发十几种独特的手表——男用,女用,中学生用,体育迷用,和其他群体使用的——用的是完全相同的机芯。唯一变化的东西只是外盒的设计。但是仅这一项变化就能以很低成本开发不同的缝隙市场。

你的企业有什么计划为增长发动机充电？源源不断的新产品可以做到，但新产品开发风险大成本高。如这些例子所示，可持续的销售增长不一定需要发明。

扩大规模

销售增长挑战创业公司保持同步的能力。一家依靠员工产出的服务企业如果希望增长，必须不断雇用称职人员。来看一家管理咨询公司。公司生产依靠专业化的员工。因此，保持增长发动机运转需要雇用能卖掉和提供咨询服务的人员。只有具备独特技能和经验的人员才能提供这些服务，并且还需要一些培训。但有能力的人员可能短缺。管理团队要问自己："我们能足够快地扩大人力资产以满足需要和我们对增长的期待吗？"

一家创业生产商或零售商也必须扩大规模以满足增长需要。在多数情况下，这需要在实际销售前很长时间投入大量资本。例如，生产商通常必须在第一件产品下线前一年或更长时间计划和开始建设生产设施。这样做需要资本，并充分相信顾客需求在一年或一年以后仍将实际存在。在这一扩大规模的问题上，你的企业情况如何？

生产商扩大规模的一剂良药——至少短期而言——就是外购。通常有很多有实力的生产商愿意卖出未使用的生产能力。这正是波士顿啤酒公司创始人吉姆·科克所做的，他当时创建公司酿造和分销塞缪尔·亚当斯波士顿淡啤酒(Samuel Adams Boston Lager)和多种特色啤酒。科克是家族中的第六代酿酒人,他辞去管理咨询工作创立了公司。和大多数精明的创业者一样,他的企业从小做起。他在一家被遗弃的波士顿啤酒厂内设立了一个研发所,在那开发了最初的配方。实际的酿造和装瓶——资本密集型活动——是在合同基础上,由科克的酿造师监督,在一家高质量的宾夕法尼亚州的啤酒厂进行的。因此,企业家科克控制使其产品有特色的特征;合同啤酒厂做科克所缺少的部分,并使产出规模达到顾客需要。当波士顿啤酒公司销售增长并且分销拓展到全美时,公司采取了相似的酿造外购行动以迅速扩大规模,并且不用花费重要的资本开支。

外购提示

外购有助于你迅速扩大规模而不用做固定资产投资,你不能负担这些固定资产投资——或者如果需要下降,固定资产将把你拖垮。外购腾出了管理层的时间和精力,去做一些真正实现公司差异化的事情。但是在把业务外派给其他公司时,注意这两个事项:

- 避免外购直接与顾客联系的业务——比如销售,客户服务,市场研究,产品或服务开发。这些接触面为你与客户群提供沟通环节,增强你了解顾客的能力,也使顾客能了解你。如果你外购这些环节,你的顾客将成为你外购伙伴的顾客。
- 避免过度依赖某一单独的外购伙伴。想想将会发生什么情况,如果一个生产、组装或分销伙伴倒闭或不再与你做生意。通过多元化外购关系的办法多头下注。

对管理的挑战

尽管销售可能是创业公司最大的成长挑战，组织问题常比这更重要。创始企业家和创业团队必须定期重建组织以应对变化的环境。如阿马尔·毕德所讲，“要获得可持续性，公司的能力（与企业能力相对）要拓宽拓深。要增加更多称职员工，增加职能的专业化，决策要分散化，系统要处理更大更复杂的组织，员工要认识共同的长期目的。”[1] 为了实现这些，公司创始人必须经常自我更新；即，他们必须改变管理模式，从自己做事到通过别人做事。很多人发现这一更新很难。他们不能改变，成为公司的负债项目。

企业家和核心团队为创业企业贡献重要资产：共同的目标，技术能力，管理技能，以及个人精力和时间。成长对这每一项贡献造成压力：

- 目标必须灌输给新员工。
- 当经营能力需要增加时，使创业初期成功的技术能力变得相对不重要。
- 创始团队的管理能力不足以应对更大组织的挑战。
- 管理者个人精力和时间有限，但是指挥和控制不断增长的企业所需的精力和时间也在不断增长。

为了保持相关和有效，创业者和管理团队必须找到新的经营办法。哈佛商学院教授迈克尔·J.罗伯茨（Michael J. Roberts）描述了几种企业家面对快速增长时可用的管理模式，如下：

- 实时管理内容
- 管理行为
- 管理结果
- 管理背景[2]

本节其余部分按罗伯茨的分类讲述这几种模式。

管理内容

完成事情的最直接的办法是自己做或直接监督别人做。无论是录用新员工，完成新产品设计，还是使货物从生产到进入库房，内容经营都紧密参与其中。在一个创业组织里，CEO 和管理团队经常采用这个办法。这太自然不过了。企业活动的范围很小，员工很少。

内容管理给企业家以巨大的控制力。企业家对控制很有兴趣。实际上，很多人创立企业的动机就是内在的控制自己工作和前途的需要或渴望。但是当经营扩大后，企业家的时间和精力不能跟上。而且，当需要特殊技能或经验的新挑战出现时，企业家做出正确决策的能力可能不稳定。不能认识何时内容管理模式不再适用将导致企业的失败。

管理行为

根据罗伯茨的说法，通过行为管理的模式，你明确人们应该如何行动。实行这一模式的领导人找出导致成功的行为,并将其通过政策,规章和程序制度化,告诉员工必须遵守。与内容导向的经理不同,比如,一家医疗诊测实验室的行为模式创立者不监督实验室工作人员的日常工作;创立者训练他们做具体的实验,然后监督他们是否遵守所做的训练。

这一管理模式可以起到放大企业家时间精力的杠杆作用,使控制一个不断成长的企业成为可能。创立者不是试图管理一些事务,而是靠政策、规章、程序、工作设计和行为监督系统来完成繁重的工作。

当下属无经验或需要明确指导时,这一方法非常有用。例如,一位管理一支刚训练过的销售人员团队的经理可能会告诉他们:"我想让诸位每天与 20 位潜在客户交谈。去做吧,这样你每天应该会得到 1 位新客户,或每星期 5 位新客户。6 个月后,你就有了佣金业务的坚实基础。"如果员工认可这一工作战略,经理可以花时间监督员工遵守这一项接触 20 位客户的规定,在需要时提供帮助。

管理结果

行为管理模式的一个问题是,它假定人们只要按照规定的方式行事,期待的结果就会出现。这并不总是成立。在刚才讲过的销售员例子中,只是简单地和所要求人数的潜在客户交谈不一定会产生期待的结果。更糟的是,这种模式假定经理的处方是产生期待结果的唯一方法。

但情况并不总是这样。例如，在很多科学和工程项目中，员工必须要解决没有明确指导原则的复杂问题。在这些情况下，管理层必须依靠其有才能和创造力的员工找出最佳解决方案。例如，重视结果模式的经理说："我们需要设计一种军用汽车，其特点是，省油（在铺过的路面上每加仑行驶 25 英里），能在崎岖的地形上行驶，能保护司机和 5 位乘客抵挡小型武器的袭击。"员工被告知结果的样子并被给予制造产品的责任。再回到销售人员的例子，经理可能只简单地告诉每位销售员，年度目标是最低创造 15 万欧元的销售佣金额。

结果模式管理节省时间很紧的企业家的时间。这一模式不是规定不同岗位的员工应该做什么和如何去做，而是管理层集中精力提供资源，培训和员工产生结果所需的动力。

管理背景

重视背景模式的经理也注重结果，但他们更广泛地寻求结果：通过塑造文化，价值观和组织结构。一般来说，他们致力于创造一种环境以便自然地吸引和留住非常能干的员工并让他们作出最佳表现。根据迈克尔·罗伯茨的观点，这些经理使用员工挑选，员工培养和沟通来塑造工作背景。高级管理层花很少的或不花时间告诉员工做什么和如何做。

有最佳管理模式吗？当然没有。但是对于某一公司在其发展的某一时点上也许有一种最佳模式。例如，麦当劳的成功主要归结于其高度控制的行为模式的管理方式，这种方式依靠程序和工作设计以高效生产和提供产品服务。麦当劳不会告诉员工："想办法找出最佳办法接待所有排队等着我们食品的顾客。"麦当劳花了很多年开发一套有效的经营蓝图。但是对于麦当劳有效的机械的照章办事的规则对于一家像 IDEO 这样的创造性设计公司将是灾难性的。

所以要关注你当前的需要，并懂得这些需要如何变化。如罗伯茨所写，注意不同模式之间的过渡非常关键。"通过扩大业务量和工作范围，增长迫使经理从一种具体模式向一种不太需要亲手实时参与的模式转化。这意味着经历内容—行为—结果—背景这一过程。"[3]

你今天使用的是哪一种管理模式？这种模式适合你现在的发展和成长吗？表 9—1 是迈克尔·罗伯茨关于何时使用何种的模式最合适的评论，以及与每种模式相关的假设、行为和工具。

尽管本节所讨论的四种模式帮助我们从概念上思考如何在不同情况下最好地进行管理，但没有自然定律规定一个执行官在某一时间只能用一种模式。例如，比尔·盖茨仍然在某种程度上实行内容管理。尽管他是一家大型多元化企业的主席，尽管他很注意微软的企业背景，他仍然亲手参与产品开发。你可能找到理由做同样的事。也许助新任命的经理成功的亲手管理办法与处理全局经营的结果模式并不矛盾。

表 9—1

管理模式表

	模式			
	内容	行为	结果	背景
情况	企业时间短,规模小而简单	企业比较大,事务更多	组织大而复杂	组织非常大,非常复杂,成熟
主要假定	做计划的知识和经验不足,下属不能独立行动或决策	时间太少不能做所有的事,下属能独立行动但要符合管理规定	时间太少,下属可以用自己的办法取得更好的结果	时间和知识太少,合适的人处在合适的环境完成合适的任务能够成功
行为	在一线,吆喝命令,努力投入帮助解决问题	开发过程和程序,观察	参加会议,回顾;研究计划,文件,报告;写备忘	很多时间用在关键员工和晋升上,定调活动
关键技能、工具	行动决策	政策,程序,行为监督	计划、预算、组织结构和系统	沟通,靠榜样领导

来源:Michael J. Roberts, "Managing Transitions in the Growing Enterprise," in *The Entrepreneurial venture*, 2nd edition, eds. William A. Sahlman, Howard H. Stevenson, Michel J. Roberts, and Amar Bhidé (Boston: Harvard Business School Press, 1999), 390。

是换岗的时候了吗?

很多企业家不仅展示了成功创建企业的能力,也能积极引导企业度过多年的增长。例子包括比尔·盖茨(微软)、赫伯·凯勒尔(西南航空),迈克尔·戴尔(戴尔电脑),斯科特·D. 库克(Scott

D. Cook)(Intuit),史蒂夫·乔布斯(苹果公司),以及系列创业者理查德·布兰森(Richard Branson)(维京集团)。每一位都成功地使其管理模式能够适应企业成长和变化的需要。不是所有企业家都有这种适应能力;他们或者不能改变在公司很小的创业时期曾帮助过他们的行为——行为习惯很难改变——或者他们积极阻挡变化,因为变化能稀释他们的控制力。

在任何一种情况下,当企业变大变复杂后,创始者—领导者不能适应将产生这些危害性后果:

- 员工的创造性被压制,因为创始人坚持控制所有的活动和做所有重要的决策。最优秀的员工最后在不满中离去。
- 组织失去机会,因为组织只能按照过度工作的创始人的步调运营。
- 企业范围被限制在创始人的知识和视野范围之内。

获得帮助

在这一刻,当你的企业扩张时,你应该反思自己的管理能力和改变的意愿。你的企业是到了一个你的领导和管理方式必须改变的转折点了吗?你能适应吗?你愿意适应吗?

如果你愿意适应,但做起来有困难,有两个实际解决办法。第一个是让能够和愿意给你的管理方式以客观反馈(包括批评)的人把你包围起来。这些人包括管理团队和董事会成员。如果你对企业控制得太紧(或太松)以及在有些地方需要帮助,你需要一些人员敢于告诉你。他们可能还会告诉你什么时候该让位了——也就是说，什么时间该请进专业管理人士。这种反馈帮助你根据企业的需要作出调整，并支持每个企业成功所需要的合作。

第二个帮助来源是总裁辅导。总裁辅导提供一对一量身定制的办法改变行为，目标是改进工作表现。一般地，总裁辅导使用两种办法中的一种。第一种，我们称之为诊断与发展，是传统的办法。这种办法深深扎根于心理学，方法艰深，但是需要较长的时间才能起到效果。另一种，叫做处方办法，与经理给予下属的每日辅导有很多共同之处。这种办法更快速直接。每种办法各有优势。

总裁辅导昂贵：每天的费用在 1,500 美元到 15,000 美元之间。如果在几个月或几年中每月访问数次，费用可能很大。但是这对你或你的公司可能值得。

如果你不能或不愿意适应你公司不断变化的要求，可能到了改变你的角色或让位的时候了。这两种做法当然都没什么难为情的。史蒂夫·乔布斯很明智地只做主席的工作，把经营细节交给其他人来做。eBay 的皮埃尔·奥米迪亚也是这么做的，他雇用梅格·惠特曼(Meg Whifman)做 CEO。莲花公司创始人米奇·凯波尔(Mitch Kapor)辞去工作去寻找其他的挑战。

让 位

有些人只是不适合做大组织的领导人。他们或者缺少管理和人际关系技能，或者企业领导的工作与他们的性格或根深蒂固的人生目标不相容。看看这个假想的例子：

罗杰(Roger)是一位博士分子生物学家。他的整个成人期是在大学环境中度过的，他上课和做有资金支持的研究。1996年，他开发了一种分子，这种分子有用在鸡和火鸡上的潜在治疗价值。根据他的雇佣条件，他可以自由开发他所发现的商业机会，他所在的大学占有25%的股份。因为他的声誉，罗杰从大学和一家风险资本公司得到了种子融资。

罗杰在企业发展的早期阶段很满意自己的CEO角色。他的大部分时间继续花在实验室里，在那里他感到最自在。但是当他的发现进入测试阶段，而且公司雇用了一位产品经理兼行政助理，他开始感到不适应了。产品批准和商业生产使罗杰的生活缺少了充实感。他发现他花在做总裁上面的时间越来越多，而花在实验室的时间越来越少。他也不喜欢和风险投资者以及他们迫使他雇用的MBA打交道。这两种人他都不喜欢。一天晚上他告诉妻子，“既然我们已经证明了鸡药(ChickenFix)的疗效，高潮已经过去了。”

很显然，罗杰的心不在他的总裁角色上。他的一生奉献给了科学和发现，而不是获得政府批准、解决生产和分销事务，并且建立更大的企业。

在罗杰和很多其他人的情况下，企业最好的办法是请进专业管理人士，创始人留做董事会主席。这也是一个现实的解决办法，当创始人只是不能处理建立企业所包含的这一类工作：和供应商谈判；销售；建立程序和控制系统；处理人事问题；争取资金；以及委派任务。不幸的是，很多企业没有及早认识到需要专业管理以避免危机。

根据转换专家埃里克·弗莱姆霍尔茨(Eric FlamHoltz)和伊冯娜·兰德尔(Yvonne Randle)的观点，创业者—企业家放手非常困难。有些人尝试改变行为以避免放手，但他们经常失败。两位作者写道，其他人“只是表面将组织交给专业经理人”。弗莱姆霍尔茨和兰德尔举了一位创始人的例子，这位创业者雇用了两位有经验的经理，做了一笔他如何交权的大买卖，“然后，去把他们变成‘管理太监’”，自己继续控制一切事务。[4]

弗莱姆霍尔茨和兰德尔写了一本非常有用的书，叫做《成长的痛苦》(*Growing Pains*)，讲的是企业家面对成长的挑战。书中说，“发展一定的系统和过程必不可少，如果一个公司在其生命周期中想要继续成功地实现成功有利润的增长。”[5]专业经理人知道如何开发这些系统和过程，而且如果你的公司继续成长，在某一时刻将会需要专业经理人士。

从今天你公司的角度来看，需要专业管理吗？你是否处在一个时点上，缺少系统和过程正在阻碍公司的发展？你个人能面对建设企业的挑战吗？或者，如果你让位于经验丰富的经理人，公司会发展得更好吗？

可能需要专业管理的标志

- 每个决定必须由上层做出。
- 处理日常事务的政策几乎不存在。
- 创始人—领导人不委派工作。
- 公司的人力资源没有得到开发。
- 决策已做,但无人用行动执行。
- 会计业务随意而且不够专业。
- 录用有能力人员的努力无效。
- 人们花太多的时间灭火。

小　　结

- 成长迫使公司经历转型,原管理团队可能没有准备好。
- 继续成长一般依赖于可持续战略,扩张进入其他市场的能力,以及扩大产量的机制。
- 公司支持成长有几种机制。这些机制包括:(1)利用学习曲线保持成本优势,(2)不为最大获得利润(一个吸引竞争者的做法)而定价,以及(3)不断向顾客提供更新的产品。
- 扩大规模满足上升的需求经常可以通过向供应商外购外围业务实现。然而,外购核心业务——特别是和顾客直接接触的业务——可能会有很坏的后果。
- 成长挑战创业管理团队,其成员可能缺少领导更大、更复杂组织的技能、经验或性格。

● 迈克尔·罗伯茨介绍了四种管理模式：实时内容管理；行为管理；结果管理和背景管理。创始人和管理团队必须认清在一定情况下哪种模式最合适，而且必须知道何时从一种模式转变为另一种模式。

● 一部分企业成功地适应了企业的成长。其他人或者必须改变自身（很难的事），或者通过引进专业管理改变自己的角色，或者兑现股权，然后去寻找新的挑战。

10 保持企业精神常青

10 保持企业精神常青

成功的终极挑战

本章主要话题包括：

- 规模、已服务的市场和自满心态如何削弱企业精神
- 领导人能做的七件保持企业精神常青的事情

人们把创业企业与创新联系在一起。他们这样想一般是对的。一个成功的企业家带给市场某种新的东西——一种给公司带来差异化的独特产品或服务使公司具有竞争优势。创新可以采用技术进步的形式，例如很薄的性能高得多的电脑显示器，或一项受欢迎的服务，例如基于网络的家庭用品送货服务。创新也可能是顾客从来没有见到过的东西，例如，一种大幅削减生产过程时间和成本的突破性生产工艺。亨利·福特的组装线在20世纪完成了这一点；能够以更低成本生产更小更复杂的半导体芯片的工艺创新则可以看做是一个现代的成功例子。

顾客喜欢的新颖常常是企业家进入有利的市场缝隙的机会。很难想象成功的创业公司在创新竞赛方面会是失败的。

相反，人们常常认为已经基础雄厚的公司发现和利

用机会太慢，创新太僵化。这一观点与有些基础雄厚的公司的创新事实相矛盾。本田和丰田都向市场引入两用（电—汽油），超低尾气排放汽车——这可能是半个世纪里汽车技术的最大一项单一创新。这一壮举不仅是技术上的，它也满足大幅减少尾气和节约燃料的真实需要。英特尔，另一家巨型公司，继续在微处理器前沿创新，生产出更快、更省电、做更多运算的芯片。IBM 开发硅锗芯片是另一个例子。与此相似，3M 公司继续享有几十年系列创新者的声誉。

但是相对于每一个本田、丰田、英特尔（Intel）、IBM 和 3M，也有几十家大型生产商、金融机构、制药公司和服务公司，对于它们，创新是一门遗忘的艺术。当它们需要创新时，它们通过收购或许可协议购买——而且一般是向创业公司购买创新。

当创业公司成长后，失去企业家精神和创新能力的危险应是所有企业创始人关心的。本章详细讲述为什么很多小企业在成功和成长之后失去了创业的火花。本章也提出了实际对策。

三个挑战

为什么大型的基础雄厚的公司不如创业型企业善于创新呢？有三个可能的答案：规模、服务现有客户的愿望，以及自满。这些都是创业企业成长时必须面对和征服的挑战。

规模问题

规模要求职能的专业化，这带来了沟通和在职能部门间进行协调的问题，而且需要有一个控制系统——一个审查委员会和一套批准程序——这常使有创造力的员工感到不满，而且阻碍了创意开发的步伐。创始团队在喝咖啡时非正式解决的问题现在需要很多不同观点的人参加正式会议来解决。参与的人越多，在最简单事务上达到一致所需的时间就越长。最后达成的一致观点更可能是妥协而不是最优解决办法。

现有客户的问题

每个商人都被教导客户的重要性，以及服务和留住客户的重要性。然而，努力服务现有客户会带来两个阻碍创新的后果：

1. 现有客户时常阻碍其供应商的创新。例如，计算机技术的重大进步可以威胁客户在现有硬件、软件和培训上的投资。因此，这些客户常督促供应商继续提供零件和升级——实质上是使供应商停留在老的业务上。有些人称这一现象为“被服务市场的霸权”。顺从地给客户他们想要的东西的公司注重对现有产品的渐进式创新，把真正突破性的产品发明留给了对手。最后，正是这同一批客户放弃了他们的供应商，而转向与创新对手做生意。

2. 管理层把焦点转到经营。有利润地服务客户的工作需要优异的经营。当企业成长时,管理层的注意力越来越多转到人事问题,市场、财务、生产、物流、客户服务,等等。创新很容易从雷达上消失。

自满

推动成长的成功产生了一个强大的导致满足和自满的冲动。这诱使人们相信,如果他们只是继续去做他们正在做的事,一切都会好。作家和学者理查德·帕斯卡(Richand Pascle)多年前把这种现象称为成功悖论。按他的观点,成功种下最终失败的种子。

例如,当面对一项竞争性的新技术,很多成功公司的想法是继续在开始使他们成功的技术上投资。这一点在很多技术上可以看到,例如,当蒸气船挑战帆船制造商时,当19世纪末爱迪生的电灯照明系统挑战煤气灯照明系统等时,以及当20世纪40年代末喷气式飞机挑战活塞驱动飞机时。即使当新技术逐月变得更好更便宜时,被创新威胁的成熟公司还在继续投资并小幅改善其成熟技术。

新创立的企业不被规模问题、被服务市场的霸权以及自满所困扰。然而,成功和成长可以削弱这一优势。销售增长必须得到组织基础和管理系统的支持,而且企业家的创业精神则逐渐减弱。

那么,对创始管理团队的挑战就是,当组织成长并服务于更多客户时,怎样保持创新精神常青。

创新企业的特点

哈佛大学名誉教授安德鲁尔·皮尔森(Andrall Pearson)曾是麦肯锡公司的执行董事。在他的经典文章《坚定地走创新之路》(*Tough-Minded Ways to Get Innovative*)中,他指出竞争性公司的两个独特特征。"第一,它们懂得不断创新是企业生存的关键,"他写道。"有时在一两个方面创新不行。第二,它们知道它们能做的最有力的变化是那些能为现有和潜在顾客创造价值的变化。"按照他的观点,这些公司总是在寻找方法以使它们的企业对顾客更有吸引力。

你的公司有这些特点吗?当你的公司变大时,是否会失去这些特点呢?

来源:Andrall E. Pearson, "Tough-Minded Ways to Get Innovative," *Harvard Business Review*, May-June 1988, 99-106。

具有创业精神的领导人必须做什么

幸运的是,只要有创业精神,成功和成长并不矛盾,如前面讲过的例子所证明的。但是领导者能做些什么保证这一精神具有不断的活力?这一节提供一些保持进取,创新和对市场条件作出反应的实用建议。

保持一个有利于创新的文化

组织文化对创造力和创意产生的影响众所周知。没有一个支持创新的文化，创造力和创新不会发芽并成长。

作者迈克尔·塔什曼(Michael Tushman)和查尔斯·奥赖利(Charles O'Reilly)指出在郭士纳(Gerstner)以前的IBM文化中，创新落在了贫瘠的土壤上。用他们的话来讲，IBM文化的“特点是注重内部视角；靠烦琐的程序解决问题，反复扯皮之后达成一致；以前的成功滋生了骄傲，有些员工感觉有保障的工作是他们应得的，不用做出回报”。[1] 如果公司文化有这些特点，那么创造力和创新不可能发展。更糟的是，多数创新人员失去鼓励情绪低落，他们会到别处找工作。

这些问题帮你确定你的公司是否正在失去创造优势：

- 我们目前的成功使我们自我满意和满足吗？
- 我们把注意力投向自身内部吗？
- 我们惩罚失败的冒险者吗？
- 在本公司里，创造性员工和新主意不受欢迎或不被赏识吗？
- 我们没有对创造性行为给予奖励吗？
- 我们对待新主意的方式很官僚吗？
- 等级与其符号正在慢慢进入我们的文化吗？

如果对这些问题的回答有一个是肯定的，那么就需要严肃地评估和调整你公司的组织文化了。

建立战略方向

如果创新型员工搞不清公司前进的方向，他们可能产生和追逐一些创意，这些创意不适合公司，占用资源，并最终在商业化之前被否定。这样的结果是既费钱，又消耗创意者的精力。

因为创造力和金钱都是稀缺产品，所以应该鼓励在公司战略界定的范围内进行创意活动。例如，如果你公司是一家从事直接邮购业务的服装商，那么就鼓励这一范围的创意："更好地跟顾客联系"和"快速准确地执行订单"。在这些战略相关的界线内，欢迎客户信息更新，加快订单处理和改进物流方面的新主意。如果你的界线定得对，你公司的创造性能量将会自然集中在有最大回报潜力的方面。

亲自参加创新

当你的创业企业成长时，经营性问题开始占用你的时间。这很自然。但是不要让经营琐事使你偏离决定你未来的创新。最优秀最成功的总裁中有些人，当他们在研发实验室与伏案工作的科学家和技师一起的时候，最快乐最有成效。比尔·惠利特，戴维·普卡得和摩托罗拉的鲍勃·高尔文(Bob Galvin)符合这一描述。今天的比尔·盖茨也一样。如果领导人在真空里工作，或认为创新是一种神秘的力量，他们就不能做出好的研发决策。他们必须了解在任一时间他们组织所面对的问题并把创意与项目组合起来。惠利特、普卡得、高尔文和盖茨都做到了这一点。

当公司成长时，靠近公司内的创新活动。定期访问研究人员。与项目组共进午餐。设法了解每一个关键人员。弄清有吸引力的主意到实现其商业化之间的技术障碍。靠近创新活动有几个好的效果：

- 向员工发出有力信号：创新很重要。
- 为创业领导人提供机会以确定企业的战略方向和追求创新的界线。
- 使领导人知道最新的技术和市场问题。

不断改善从创意到产品上市的过程

很有可能那个使你公司诞生的创意是非正式地构想和开发出来的。那会儿你没有阶段把关委员会和批准程序来处理这类事务。然而，成功以后的成长使这样的程序变得既必须又有用。实际上，不断创新和成长的公司有一个产生创意的过程，识别哪些创意有商业潜力，评价有前景的创意，然后开发和推出产品（见图10—1）。你也需要这样一种过程；否则你的创新活动将会是临时和随意的，而且浪费资源。一个好的过程可以做如下的事情：

- 产生足够数量的好主意

- 没有阻碍开发及使创新人受挫的瓶颈
- 没有政治争斗
- 鼓励适度的冒险
- 不是随意性的
- 出现代价不算高昂的失败
- 把资源输送到最有价值的项目
- 参与过程的人员应懂得公司的能力、战略及客户

如同塑造组织文化一样，发展和改进创新过程是创始人和管理团队的工作。而且这是他们将要做的最重要的一件工作。

图 10—1

创新过程

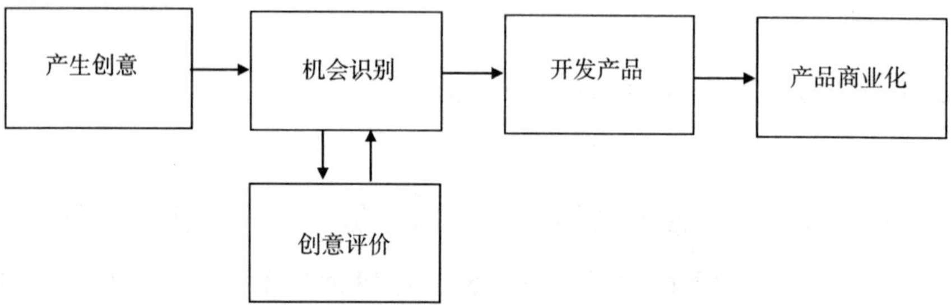

使用组合思维

很多创业企业，特别是在高科技行业，只靠推行开发中的一两个项目就创立起来了。这使组织生活变得简单：所有资源、脑力激荡和市场营销都集中在这一两件事情上。然而，当这些公司成功

和成长时，在任一时间它们可能都会有几十个进行中的融资项目。有些可能是风险低，周期短的项目，目标是小幅改进现有产品。另一些项目可能追求的是崭新的理念，目标是创建新的市场。还有一些可能界于前两者之间。

因为渐进和速进型项目在风险水平，时间跨度，潜在赢利方面存在极大的差异，管理层在处理时必须采用组合思维。组合思维帮助管理者以风险/回报特征为依据来看待一套在建项目。当他们了解这些特征时，他们能够塑造和管理组合方案以取得风险和潜在回报间的适当平衡。

作为组合思维的第一步，可以像图 10—2 那样在一个两维的坐标图中“画出”在建项目，这常常会很有帮助。这里，横轴表示市场或技术因素的成熟度或新颖度。纵轴表示不断上升的技术挑战，不确定性和经济机会。坐标图中的每个圆圈代表一个项目，每个圈的大小表示目前所用资源的多少。

在这个坐标图中，最大的几个项目是谨慎的。这些项目有成熟的技术和市场特征。因此，对于公司来讲，这些项目技术挑战最低，包含最小的风险和潜在的机会。与其相比，在右上方方块中的小项目包含最高的风险而且针对新市场，但是这些小项目也蕴涵着更大的经济机会。

试着为你的公司建立一个相似的坐标图。当你画出你公司的当前项目时，这张图告诉了你什么？如果多数项目和资源位于左下角的方块内，你的公司可能在相当高的程度上回避风险，在探寻未来机会、新技术和新市场方面可能做得太少。另一方面，如果多数项目和资源在右上角，公司可能过于进取，也许做得危险。

怎样才能为公司构建合适的风险/回报平衡呢？作为创业领导人，你能对你的员工和投资者说出这一平衡吗？

图 10—2

创新组合图

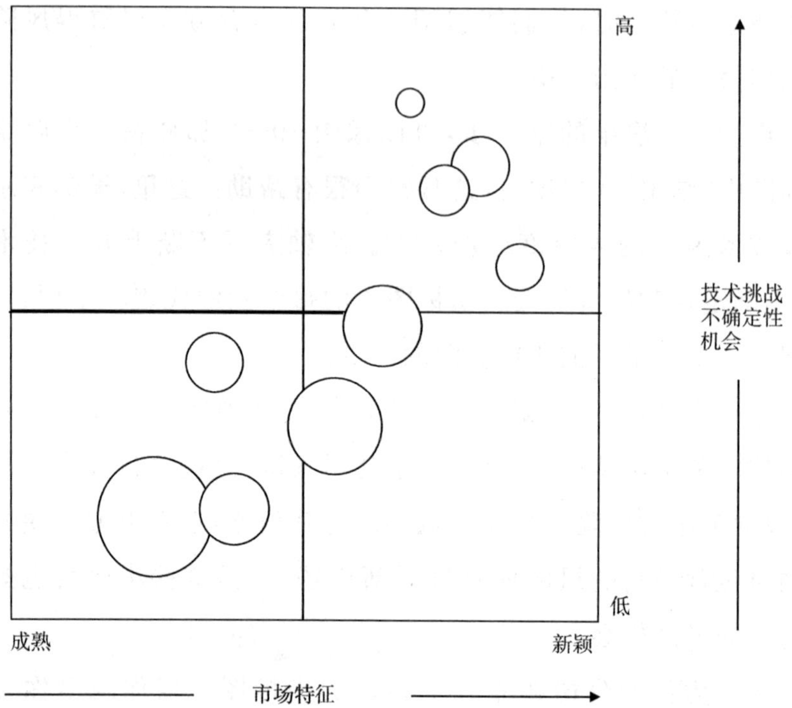

做正确决策的诀窍

保持创业精神常青意味着不停地以研发项目、市场推动和人力资源投资挺进未知领域。每一步都包含着在不确定的条件下作出决策。正确决策必不可少。这里有几个助你作出正确决策的诀窍：

- 从你的管理团队和董事会中去除朋友和唯命是从的人。当你考虑投资于一个创意的时候，你需要实实在在的建议。
- 让那些有互补技能和运用不同的分析问题和作出决策方法的人围绕着你。倾听他们的建议与论证，即使你并不同意。这些其他的声音能帮你避免从悬崖上跌落。
- 学会何时停止损失。你不参加就没有赢的可能。但是别把每一局都玩到底。就像一个好的牌手一样，要认清你何时正把资源注入失败的一手牌中，并且有接受损失而走开的勇气。
- 双重检验假定。看起来美妙的东西可能是一个灾祸，如果假定不现实。

雇用有创业态度的员工

当企业成长时，企业家最重要的决策包括雇用员工。成长需要新员工，但什么类型的人员最适合？

当录用新产品开发经理时，总裁应该寻找的人员要有很强的技术背景，而且能理解组织更远大的设想，他们应有这两种能力的平衡。具体地讲，他们应该具备(1)对公司重要的技术趋势的良好感觉能力，(2)对客户明示和潜在需求的真正好奇。那些只是狭窄地对应用其技能感兴趣的人很少能产生你需要的实用创新。

新员工一般应该

- 对变化感到心安理得
- 把未满足的需要视为机会
- 掌握合适的工作(开发)周期
- 喜欢合作式工作
- 像创业者那样想和做

作为监督者和管理者录用的人员应该适应参与式管理的概念。不这样做将导致扼杀创业精神的等级官僚环境。如果你不会做别的事情,也不要给等级和官僚体系的滋生提供土壤。

创建具有双重能力的组织

快速成长的创业公司领导人很快发现自己被两股相反的力量扯拉。一方面,他们必须集中注意力来支持成长所需要的创新。另一方面,他们必须有效地经营组织。他们如何能做到两者兼顾?

作者迈克尔·塔什曼和查尔斯·奥赖利建议领导人创建具有"双重能力"的组织——即,组织不仅能"有效地完成今天的工作,也能预测到明天的新情况"。[2]这些是看似矛盾的能力,但是有这两种能力的企业能够在它们创造未来的今天取得优异成绩。

挑战的来源不难懂得。当前企业的成功经常源于确定因素,效率和成本控制。而未来企业是一个不确定、无效率、很昂贵的创新过程的产品。没有多少总裁能够在两个不同世界里成功地经营。很多总裁的精力被一个占用,影响了对另外一个的关注。多数情况下,企业的直接问题占用了他们绝大部分时间和精力,未来的业务只能作为继子女对待。

根据塔什曼和奥赖利的观点,医治这种病况的处方是建设具有双重能力的组织。这里有发展这种组织的几点建议:

1. 评价你在创新潮流中的位置。你现在的产品和技术是处于早期完善阶段,还是已经成熟了?新技术有潜在威胁你企业的可能吗?

2. 评价你公司的经营。经营有成效,快速并有效率吗?有大的成本改善的可能吗?

3. 根据你对第1和第2项的回答,重排你的优先选择和资源。你需要既擅长经营现有业务,又擅长创新。

小　　结

- 成长挑战创业精神。规模产生职能专业化、沟通问题和影响创造力与创意开发的控制系统。
- 一旦一家公司有了客户,"被服务市场霸权"可以阻碍公司的创新能力。
- 伴随成长而来的成功常导致满足,这会极大地阻碍创业精神。
- 建立规范创新活动的战略方向。
- 创业企业的领导人可以使创业精神常青,如果他们(1)保持一个有利于创新的文化,(2)建立战略方向,(3)亲自参加创新,(4)不断改善从创意到产品上市的过程,(5)在创新活动中使用组合思维,(6)雇用有创业态度的员工,(7)创建具有双重能力的组织,能有效地完成今天的工作,也能预测到未来。

创业者百宝箱

11 收获时节

11 收获时节

种豆得豆

本章主要话题包括：

- 兑现的三个理由
- 不同收获机制的长处和短处
- 为企业投资作价的方法

有些企业家将企业传给家庭成员。然而，大多数最终寻找机会收获他们创造的现金价值——锁定在企业里的价值。本章考查导致收获的动机、收获的主要机制，以及用于决定企业价值的方法。

企业家为何兑现

可能有多少企业家就有多少收获投资的原因。退休是一个原因。价格“好得无法拒绝”可能是另一个原因。然而，多数投资收获的动机属于下列一种或几种：

- 需要使财富多元化。成功的企业家很容易把他们的大部分财富危险地放在一个篮子里。技术变化，强大竞争者的出现，或者某种业务困难很容易毁掉他们的净财富。收获给了企业家一个使个人财富多元化的机会。
- 企业已经走到了尽头。有些成功的企业家可以感到风刮的方向，而且有时会感到风向不对。具体地讲，他们意识到企业已经走得够远了，至少是在他们的领导下。他们认识到继续增长需要一个新的投资水平，但他们没有兴趣去做。在另外一些情况下，他们感到竞争环境对其不利，比如一些五金商店的业主发现，企业现在必须面对面地与一家有着巨大购买力的全国连锁公司竞争。

- 业主重新开始的愿望。有些企业家的动机是体验从几乎一无所有中创业的挑战。他们对创业的早期阶段情有独钟。但是当经营性的问题开始占用他们的大部分时间时，他们乐于从事下一个项目。（见“系列创业者”方框。）

系列创业者

《纽约时报》(*New York Times*)2003 年 12 月的一篇报道讲述了霍华德·耶伦(Howard Yellen)的事业。他于 1988 年创建了第一家公司。从那时到 2003 年末，当时 43 岁的耶伦已经在不相关的行业中创建了六家公司。其中两家已卖掉（一家的售价没有披露，另一家的价格是 1,000 万美元）；其他四家公司已关闭。报道中讲，“耶伦先生是小企业主中特殊的一类人——系列创业者。系列创业者在白手起家带来的高压兴奋中做得相当好，但无论他们留在企业一年还是十年，他们一定会离开，再去创建另一家企业。

系列创业不仅限于像耶伦这样的小经营者。根据《时代周刊》报道，大约 43%《公司杂志》500 强公司的总裁预计在未来创建另一家公司。当然，收获是系列创业者的一个推动力。一个成功企业的收获往往足够使另外两家企业起步。

来源：Anne Field, “Bouncing from Start-up to Start-up, and Loving it,” *New York Times*, 11 December 2003, C6。

收 获 机 制

当企业主作出兑现决策的时候，下一步是决定哪种收获方法最适时和合适。这一节讲述最常用的收获方法以及其优缺点。

上市

原始股上市发行以收获创业投资的作用前面已经讲过。当找到一家公司股票的公众市场后，创始者和私人投资者可以在一定的法规限制下，卖掉部分或所有其手中拥有的股票。然而，这些限制可能会在一定时间内禁止内部人员出售股票，并且对受限股票在任何一个月的出售数量封顶（证券交易委员会第 144 条规定）。有关证券交易委员会第 144 条规定，见附录 E。

承销股票的投资银行也会要求主要的上市前股东签订一份锁定协议，禁止其在公司上市后的一段时间内出售其持有的股票。这个锁定期可能长达六个月，保证内部人员不会将其股票倾销到市场，给那些前来购买原始股的公众投资者造成损失。

在任何情况下，很少有公司有资格上市；很多公司不是太小，就是潜力有限，或者处于一个有问题的行业中，不足以吸引投资者。即使是那些有资格的也有很多理由避免通过上市途径收获投资，这些理由包括：交易成本、公众对公司经营的审视、报告要求等等。这些理由可能不会困扰私人投资者(例如风险资本家);他们的主要兴趣常常是快速兑现,锁定高回报率,然后去找下一个机会。

可能通过上市收获的最好理由是这种方式常比其他方式能得到更高的价格。例如,一项1970年到1982年的非公开风险资本研究发现,上市实现的赢利几乎是排在第二位的最有利润的方法(收购和公司回购)的五倍。[1]当投资者对新股票胃口很大但不是被"非理性乐观"所推动时,上市的优势特别明显。这是美国联邦储备局(U.S. Federal Reserve)主席艾伦·格林斯潘(Alan Greenspan)对网络泡沫的描述。那个时期对没有利润的网络公司的估值几乎达到疯狂的状态,这对公司创始人和风险资本家十分有利,他们设法在泡沫破裂前抛掉其持有的股票。在那个令人旋晕时期上市的公司所产生的收获比公司创始人和风险资本家敢于期待的更高。

然而,网络时代是一个非正常时期。通过上市产生巨大收获的机会不经常发生,而且很少产生20世纪90年代末所见的估值。投资者对原始股通常很谨慎,所以创始人和风险资本家必须要等待,建立现金流,然后希望一个更好的明天。

收 购

更多的收获是通过合并与收购而不是通过上市实现的。每年成千上万的公司以某种战略合并形式加入其他公司。也许同样多的公司被其他公司吞食，合并者的目的是获取公司专利、产品线、生产能力，或其他。

合并与收购是复杂的交易。因为一般的企业家没有两者的经验，他应该请有经验的法律和财务顾问帮助交易。如果参与的双方都不是由实际公众交易确定股票价格的上市公司，那么这种合并与收购将特别复杂。这种情况必须进行估值。

一般地，卖方企业家应该仔细考虑这三个问题：

- **交易如何估值。**不同估值办法会产生不同的结果。
- **付款结构如何。**付款可以用现金形式，某种现金和收购公司股票混合的形式或者债务。在合并中，业主可能得到新公司的股票。现金是理想的支付形式，因为所有其他形式的支付都将会在一定时期内把业主的资本锁定于其他公司。但不是所有股票支付交易都不好。例如，撒贝尔·巴提亚(Sabeer Bhatia)卖掉他的Hotmail公司给软件巨人微软时，得到270万股微软股票。其他收购方公司的股票可能没有这么坚挺。
- **卖方企业家和实行合并或收购的公司之间的关系。**很多交易提供一定时间的卖方管理。卖方甚至可能欢迎这种安排。然而，要小心对待这种安排，因为收购方不可能给你当企业仍是你的时曾有的自由经营企业的权力。

员工持股计划

对于一家缺少公众市场购买其股票的公司，员工持股计划是另一种收获选择。员工持股计划是一种正式计划，这一计划为员工购买公司股票，这种计划对于员工是一种享受税收优惠的退休计划。实际上，员工持股计划可作为业主股票的市场，这一计划分很多年逐步购买业主股票。看一个假想的例子：

麦克米伦金属加工厂(Macmillan Metal Works)是一家紧密持股公司，有80名全职员工。创始人霍华德·麦克米伦(Howard Macmillan)拥有全部股票。他家庭财产的大部分锁定在公司，霍华德可以有几种不卖掉企业逐步退出的方式。霍华德从他的律师那里了解到员工持股计划可以同时满足他的几个目的：为员工提供退休计划，给予员工部分企业所有权，以及使他逐步兑现其股票。

律师做了一个计划，霍华德雇用一位企业评估师为公司股票估值。在估值的基础上，那一年他向员工计划卖出了2000股。有资格的员工每年购买一定数量的股票，麦克米伦金属加工厂负担部分购买费用。当然，销售收入归霍华德·麦克米伦，他用这部分现金使其投资资产多元化。

员工持股计划的收获方法也有缺点。一个缺点是公司股票必须每年通过独立企业的估值，这一程序对于一家小公司可能成本很高。另一个缺点是参加持股计划的员工可能有一天拥有多数股权，这可能是业主不喜欢看到的。

还有一个缺点和员工自己有关。员工持股计划对于员工不总是一件好事。将他们部分或全部退休金锁定于一家公司(雇主公司)使他们处于双重非多元化的状态。如果公司发生严重困难，将导致失业和退休金价值的损失。如果员工把他们自己的净值和当前收入全锁定于一家单一的公司，安然公司（Enron Corporation）员工所遭受的巨大个人损失就是一个会发生什么情况的例证。

套取现金与出售企业

我们认为出售企业是业主从企业得到大量现金的一种办法。当业主想离开企业去做些别的事情的时候，出售企业特别重要。然而，多数业主不想离开，也不想把一次性取回所有资本当成主要目标。有些业主对阶段性地支取部分资本以提高生活水平，得到退休收入，或者实现资本的多元化感到满意。达到这一目的的一种办法是把现金流中不需要维持或扩展业务的资金装入自己的口袋。

成功企业产生的现金流足以超过维持稳定的运营状态所需要的现金流。期待成长的业主把多余现金再投资于企业：以扩大销售队伍、收购或开发新产品线、开设新的零售店，等等。想将部分资本变现的业主只是简单地把多余资金装进口袋，而不进行再投资。这一"套取"公司现金流的做法将限制公司通过使用内部产生的现金为不断增长融资的能力。但对有些业主来说，成长可能不再重要；他们的公司可能已经大到他们能舒适驾驭的程度。那些想让公司继续成长的业主也有可能用债务资本替代内部产生的现金流。在这些情况下，业主将取回部分股权资本，而且公司的债务—资产比例将发生改变。

卖给管理层

对于想收获投资的业主，高层管理者是另一批潜在的买家。这些高层经理了解公司和行业。他们非常清楚企业产生现金的潜力。所以，如果员工作为一个群体出价从创始业主那里购买公司，也不奇怪。这些情况通常被称为管理层收购。

在很多情况下，买方群体可用公司资产做质押为他们购买所需的贷款融资。买入企业后，买方将会有很高的债务—资产比例——在有些情况下可达10：1以及惊人的巨额利息偿付。一般地，管理层的应对办法是卖掉实体中业绩不良或与他们的新战略不符的经营单位。管理者还卖掉公司专用飞机和非必需财产。这些销售得到的现金马上用于偿还大块债务。同时，新所有者通过减员、节支和降低库存的办法增加自由现金数额。

这类交易叫做杠杆收购。这种方法在20世纪80年代广泛使用，经常是外部“袭击者”发现一个公司的各个部分单独出售要比公司的全部市场价值高得多。80年代大多数杠杆收购交易依靠巨额外部债务资本，形式是高收益债券，或者叫垃圾债券。这一方式对于今天的买方群体已很少使用。结果是卖方业主可能要作为贷款人，收取一张质押保证凭条以支付其在公司的股份。这些情况下的业主收获要分摊到多年的时间上，由买方群体支付本金和利息。

尽管现在的报道少多了，但杠杆收购仅在2003年第一季度就在美国公司出售交易中占了145亿美元。总体来讲，最适合杠杆收购的公司有高水平的可预知的自由现金流，很少的资本支付需要、很少的债务，以及巨额的非必需资产。

时机选择很重要

无论使用哪种收获方法，合适地时机选择是任何收获战略中的一个关键因素。这里提到过的战略的唯一例外是员工持股计划,这个办法的特点是在多年的时间里出售股票,无论当时经营好坏。

前面讲到过,成功上市的机会之窗很窄。例如,在2000—2004年的低谷时,很少有公司能够上市。有些行业,如生物技术,发现机会之窗紧闭。

适合新股发行市场的情况也适合其他形式的收获。投资者以及企业买家的情绪像钟摆一样在乐观和恐惧之间摆动。极为乐观的买方会出比他们恐惧时候高得多的价格购买企业。因此,寻求收益最大化的业主在选择销售股份或整个企业的时机选择上,应高度关注投资者的情绪。

值 多 少?

除了套取现金的方法,在本章介绍的每一种收获机制中,估值是核心问题。估值试图回答一个根本问题:"这家公司到底值多少?"如果你不能回答这一问题,你将在交易谈判中处于不利的地位。

原始股价值

原始股的价值一般取决于市场投资者的接受程度和公司未来

的预期表现。因此，承销商将考查投资者情绪，与收益相关的其他可比上市公司的股价，公司的当前和预期业绩、专有技术，以及增长潜力。基于这种不太科学的程序，承销商会建议每股的发行价格略低于预期的股票交易水平。这一折扣低价是为了使原始投资者在交易开始时可以赢利。

更严谨的方法

其他收获机制依赖于更严谨的估值方法。尽管附录 C 详细地讲解了这些方法及其优缺点，这里也值得谈一谈。两种最可靠的估值方法是基于收益的方法和现金流折现法。

基于收益的方法。基于收益的方法是损益表中的某一收益值乘以一个数。例如，一位估值专家可能发现同行业相似的公司的售价大约五倍于利税前收益(EBIT)。

一种更严格的方法是加回减少损益表中收益部分的折旧或摊销费用，因为这些是非现金开支。这一更精确的数字叫利税前收益加上折旧和摊销(EBITDA)。

两种情况的意思都是把乘数放到所有者可以实际得到的现金流上。因此，如果一家公司的利税前收益是 200 万美元，而且如果业内相似公司按照五倍收益出售，公司的价值将是 1,000 万美元。

这些估值中的“乘数”不是天下掉下来的。实际上，这个乘数应与投资者最近购买这一销售板块中可比公司的利税前收益一致。所以要非常小心你使用的乘数，因为它能使你公司的估值产生巨大差异。你也应该明白乘数，它就像公司股票的市盈率一样，随着投资情绪和期待上下波动。当一个行业不受青睐以及当投资者对未来前景悲观时，这一乘数将下滑。如果行业受欢迎或者收益增长前景很好，相反的情况将发生。出售股份的企业家要学会的是在投资者非常乐观时出售企业。

现金流折现估值。收益乘数法的主要缺陷是其非前瞻性。收益乘数法把价值基于现在收益，而不是未来的收益。因此，这类估值可能不能准确评价一家收益快速增长的公司。

对策是用公司未来现金流考虑公司价值。毕竟，投资者买的是未来收益流。正如汤姆·科普兰(Tom Copeland)、蒂姆·科勒(Tim Koller)和杰克·默林(Jack Murrin)(他们写的书被看做估值圣经)所讲的，“现金流折现法以一种综合但直接的方式考虑了所有影响企业价值的因素。”[2]

现金流折现估值法需要预测未来几年的现金流，并对金钱的时间价值进行计算。这种办法把未来现金流折算为当前价值。实现这些要求通常需要专业帮助。

与企业评估师一起工作

企业估值是一个企业家不大可能有专长或经验的领域。这一问题在商业生涯中起重要作用的时候也不过是一次或几次。尽管如此，企业估值对收获结果的影响相当大。这意味着企业家应该尽可能多地了解这一技术领域，或者至少有足够的了解以便和专业的企业评估师一起工作，并做出明智的决策。

小　　结

● 企业家由于几个原因寻求收获他们的投资。主要有使其财富多元化，将企业带到更高水平，或者尝试做新的事情。

● 尽管只有很少的企业可以上市，上市可以在一定时期内使创业团队变现。

● 对于多数公司，通过收购来出售公司是比上市更有可能的一种收获机制。这里，业主应该密切关注交易如何估值、付款结构如何(现金，股票，债务)，以及与收购实体或合并伙伴的现存关系如何定义。

● 员工持股计划是一项多年购买所有者股票的税收优惠计划。实际上，业主把企业卖给了员工。

● 很多情况下，管理层群体会联合收购创始人—所有人的企业。这可以通过杠杆收购或与卖方的债务安排实现。

● 一个流行的企业估值办法是利税前收益乘以一个叫乘数的数。这个乘数应与投资者最近购买可比公司的利税前收益一致。

● 现金流折现估值法可以更好地测算公司价值，因为这个办法考虑了未来因素。

创业者百宝箱

附录A 看懂财务报表

附录 A 看懂财务报表

入门

你的公司拥有什么？你的公司欠其他机构什么？公司的收入来源是什么？公司如何花钱？公司赢利多少？你公司的财务健康状况如何？本附录通过解释三个基本财务报表：资产平衡表、损益表和现金流量表，帮你回答上述问题。本附录还帮你搞清这些报表中内含的一些管理问题，并且通过讨论两个重要的概念：财务杠杆和公司财务结构，拓宽你的财务知识。

如果你有管理学位或高层管理经验，你可能已经知道你需要知道的关于这些话题的知识。但很多企业家两者都没有。例如，肯·奥尔森(Ken Olsen)，20 世纪 50 年代末数码设备公司(Digital Equipment Corporation)富有传奇色彩的创始人，知道所有关于电气工程和编程的知识，而且他有开发新一代电脑的极好的主意。但是他几乎一点也不懂财务报表，而风险资本家让他在他的商业计划中列出财务报表。根据企业历史记载，奥尔森去了公共图书馆，借了一本保罗·塞缪尔森(Paul Samuelson)的著名经济学教科书，发现了一个平衡表和损益表的例子，用这例子中的两个表作为他预计数字的样式。这给风险资本家留下很深的印象，他们给了他发展企业所需要的钱。

如果你对财务报表已经有足够的知识,你可以跳过本附录。但是如果你更像新手创业者肯·奥尔森(我们希望你是这样的,因为他挣了很多钱并取得了伟大成就),那么继续往下读。对于有企业精神的商人,读懂和解释财务报表的能力必不可少。当谈话转到"流动负债"、"利润边际"和"流动资本"时,必须明白这些词汇的意义。

为什么需要财务报表?

财务报表是商业必备文件。管理者用其评价业绩并找出需要干预的地方。股东用财务报表监督其资金是否管理良好。外部投资者用其发现机会。贷款人和供应商定期检查财务报表以确定与他们交易的公司的信誉程度。

证券交易委员会要求公众交易公司制作财务报表,并使公众能够看到,这是证券交易委员会对公众持有和交易的公司的全面披露要求。对非公众交易公司不作这种要求,但是它们的私人所有者和银行期望有财务报表。

财务报表——资产平衡表,损益表和现金流量表——各公司采取通用的一般格式。即使具体某一行的项目可能因公司业务性质而不同,报表经常很相似,让你能用一家企业的业绩比较另一家的。

资产平衡表

很多人每年去医院做一次体检——这是那时他们身体状况的快照。与此相似，公司制作平衡表作为总结公司某一时点财务情况的方式，通常是在月末、季末和财务年度末。

实际上，平衡表描述企业控制的资产并表明资产的资金来源——贷款人资金（负债），所有人资本，或两者。平衡表反映以下基本会计等式：

资产 ＝ 负债 ＋ 所有者权益

此等式中的资产是指公司投资做生意的东西，比如现金和金融工具，原材料和成品库存，土地，建筑和设备。资产也包括客户和其他机构所欠公司的钱款——这一资产大类叫做应收款。

现在看看等式的另一侧，从负债开始。为了获得必需的资产，公司经常借钱或借来某些承诺为供应商的不同货物和服务付款。欠贷款人的钱叫负债。例如，一家电脑公司可能从一家电子零件供应商处买了 100 万美元的母板，付款期为 30 天。这样做，电脑公司就增加了 100 万美元的库存资产，也增加了同等金额的负债——以应付款形式。等式还是平衡的。与此相似，如果这家公司打算从银行借款 10 万美元，这笔资金注入将给公司增加 10 万美元的资产和同等金额的负债。

所有者权益，也叫股东权益，是总资产减去总负债所剩余的部分。所以,如果一家公司有 300 万美元总资产和 200 万美元总负债,那么所有者权益为 100 万美元。

资产 － 负债 ＝ 所有者权益

＄3,000,000 － ＄2,000,000 ＝ ＄1,000,000

如果该公司 50 万美元的未投保资产在大火中烧毁,其负债不变,但是其所有者权益——资产索赔后所剩余的部分——将减少到 50 万美元:

资产 － 负债 ＝ 所有者权益

＄2,500,000 － ＄2,000,000 ＝ ＄500,000

所以,平衡表"平衡"一家公司的资产和负债。例如,注意在联合帽架公司(我们取样公司)的平衡表中(表 A—1),总资产等于总负债和所有者权益。平衡表还描述了公司有多少资金投入到资产,并显示了资金的使用方向。而且,平衡表指明资产中有多少资金来自贷款人(负债),以及多少资金来自于所有者(权益)。分析平衡表可以使你了解公司使用资产的效率,以及公司管理负债的良好程度。

当和以前一年或几年的相同信息进行对比时,平衡表的数据非常有用。看一看联合帽架公司的平衡表。首先,此表表达公司某一时点的财务状况:2002 年 12 月 31 日。2002 年的数字和 2001 年的数字的对比显示联合公司进展良好:所有者权益增长了 10 万美元。

资 产

你应该懂得这个报表的一些细节。平衡表先列出最容易变现的资产：手头现金和可售债券，应收款和库存。这些叫流动资产。一般地，流动资产指那些一年内可变成现金的资产。

然后，平衡表列出更难变现的其他资产，例如，建筑和设备。这些叫做工厂资产，或更经常地被叫做固定资产（因为难于变成现金）。

因为除了土地的多数固定资产随时间推移而贬值——或价值变小，公司必须通过一种叫累计折旧的方法减少固定资产的账面价值。总不动产，厂房和设备减去累计折旧等于土地，厂房和设备当前的账面价值。

有些公司将商誉列进资产。如果一家公司以高于合理资产价值的价格购买另一家公司，所谓的商誉将记为资产。然而，这严格地讲是一个会计虚构。商誉也可以是如商标名称或购入公司的良好声誉等的无形事物。这些可能有真正的价值。其他如专利这样的无形资产也可能有真正价值。

最后，我们看平衡表资产部分的最后一行：总资产。总资产为流动资产与固定资产之和。

负债与所有者权益

现在我们来看资产的资金来源，从一个叫做流动负债的大类开始。流动负债表示这部分为贷款人和其他人所有，一般必须在一年内偿还；包括短期借据，应计薪金，应计所得税和应付款。长期贷款的本年度偿付义务也列在流动负债下。

从流动资产中减去流动负债，你就得到公司的净流动资本。净流动资本是公司用于当前（短期）经营活动的资金额。到底公司需要多少净流动资本依赖于所在的行业与公司计划。在表 A—1 的平衡表中，联合公司有 868,000 美元的净流动资本。

长期负债一般是债券和抵押。对于这些债务公司有义务按照合同偿还利息和本金。

根据上面的会计等式，总资产必须等于总负债加所有者权益。因此，从总资产中减去总负债，平衡表得到一个所有者权益数字。所有者权益包括未分配利润（支付红利后累积在公司平衡表上的净利润）和股东资本（用于支付股份的资本）。

历史价值

很多平衡表项目中的价值可能与实际市场价值不一致。除了像现金、应收款和应付款这样的项目，每一个分类的测算很少等于实际当前价值或所表示的现金价值。这是因为会计必须按历史成本记载多数项目。例如，如果 XYZ 公司的平衡表记载土地价值为 70 万美元，这个数字表示 XYZ 公司购买时所付的钱。如果土地是在 1960 年在旧金山市中心购买的，可以肯定其现在的价值已远远大于平衡表上记载的价值。

表 A—1

联合帽架公司平衡表(2002 年 12 月 31 日)	2002	2001	增加(减少)
资产			
现金和可售证券	$355,000	$430,000	$(75,000)
应收款	$555,000	$512,000	$43,000
库存	$835,000	$755,000	$80,000
预付开支	$123,000	$98,000	$25,000
总流动资产	$1,868,000	$1,795,000	$73,000
毛不动产,厂房和设备	$2,100,000	$1,900,000	$200,000
减:累计折旧	$333,000	$234,000	$99,000
净不动产,厂房和设备	$1,767,000	$1,666,000	$101,000
总资产	$3,635,000	$3,461,000	$174,000
负债和所有者权益			
应付款	$450,000	$430,000	$20,000
应计开支	$98,000	$77,000	$21,000
应付所得税	$17,000	$9,000	$8,000
短期债务	$435,000	$500,000	$65,000
总流动负债	$1,000,000	$1,016,000	$(16,000)
长期债务	$750,000	$660,000	$90,000
总负债	$1,750,000	$1,676,000	$74,000
股东资本	$900,000	$850,000	$50,000
未分配利润	$985,000	$935,000	$50,000
总所有者权益	$1,885,000	$1,785,000	$100,000
总负债和所有者权益	$3,635,000	$3,461,000	$174,000

来源:HMM Finance。

那么会计为什么用历史价值而不用市场价值呢？简单的回答是这个方法是两害相权择其轻的结果。如果规定使用市场价值，那么每个公众公司都要对其每项不动产、仓库库存等做专业评估——而且可能每年都要做。有多少人相信这些评估呢？所以我们在平衡表上用的是历史价值。

管理问题

尽管平衡表由会计制作，也有一些管理者要注意的重要问题。

流动资本。企业所有者非常注意流动资金水平，流动资本随销售活动自然扩张与收缩。流动资本太少可使公司处于不利地位：公司也许不能支付账单，或者无法利用赢利机会。另一方面，流动资本太多会降低赢利，因为资金具有持有成本；资金必须以某种方式取得，通常是通过有息贷款。

库存是流动资本的一个组成部分——除非你的公司是服务型企业，没有库存。如同一般流动资本，库存也必须在太多和太少之间平衡。手上有很多库存使公司能及时处理客户订单，并且提供预防停产和罢工的缓冲。充足库存不利的一面是融资成本和库存本身市场价值的贬值风险。仓库中每一件多余的货物都会增加公司的融资成本，并且降低利润。货架上每件东西可能都会随时间推移而变得过时或不畅销——这也对赢利有负面影响。

个人电脑业提供了清晰的例子证明多余库存如何影响公司的赢利水平。有些分析师估计因为这一高速发展行业的技术很快就变得过时,成品库存大约每天损失 2%的价值。

金融杠杆。你可能听过有人说,“这是个高杠杆情况。”你知道杠杆的金融含义吗?金融杠杆指使用贷款资金购买资产。我们说一个公司是高杠杆,如果平衡表中的债务比例相对于所有者的投资来说很高。例如,假如你用 40 万美元购得一项资产,10 万是自己的钱,另 30 万是贷款。为了简明,我们略去贷款偿还,税收和你可能从投资得到的现金流。四年过去了,你的资产升值到 50 万。你决定卖掉。偿还 30 万贷款后,你得到 20 万美元(你原有的 10 万加上 10 万利润)。你个人的资本收益为 100%,即使资产价值只上升了 25%。金融杠杆使这成为可能。比此相比,如果你全用自有资金(40 万美元)购得资产,那么你只得到 25%的收益。

财务杠杆为公司所有者的投资资本赚取更高回报创造了机会。在美国和多数其他国家,税收政策通过允许企业抵扣所付贷款利息使财务杠杆更加有吸引力。但杠杆也有反面作用。如果一项资产的价值下降(或者没有产生预期的收入水平),那么杠杆作用不利于所有者。考虑一下上面这个例子将会如何,如果资产价值下降 10 万美元,即,下降到 30 万美元。所有者在偿还原来 30 万美元贷款后,将损失全部 10 万美元的投资。

公司财务结构。财务杠杆的潜在负面作用使总裁们不愿做最大化的债务融资。他们转而寻求一种财务结构,能在平衡表的债务和权益之间创造一个现实的平衡。尽管如果一切顺利,杠杆能加强公司的赢利潜力,管理者也知道每一元钱的债务都会增加企业的风险程度——既因为刚才提到的危险,也因为高负债的结果是高利息支付,无论业务好坏都必须支付。当业务逆转或经济萧条降低及时还贷能力的时候,很多公司倒闭了。

当贷款人和投资者查看公司平衡表时,他们会仔细查看债务权益比。他们把平衡表中的风险考虑到他们收取的贷款利息中,以及他们对公司债券的期待回报上。因此,一家高杠杆公司的贷款可能要付14%的利息,而一个低杠杆竞争者只要支付10%到12%的利息。投资者也要求高杠杆公司的股票有更高的回报率。没有一个成比例的更大回报的预期,他们不会接受高风险。

收入表

收入表说明一定时期的经营结果。与平衡表不同,平衡表是某一时间点企业状况的快照,收入表说明一个时间段内累计的业务结果。收入表告诉你公司是否赢利——即,公司是有正的还是负的净收入(净收益)。这就是为什么收入表常被称为损益表的原因。收入表指明公司在一定时期末的赢利情况——一般是在月末、季末或公司财务年度末。此外,收入表告诉你公司花了多少钱实现了利润——由此你可以确定公司的利润边际。

像我们说明平衡表那样,我们可以用一个简单的公式表达收入表的内容:

收入 － 支出 ＝ 净收入（或净亏损）

收入表从公司的销售收入开始：从销售给顾客的产品或服务中所得到的金额。一家公司也可能有其他收入。很多情况下，这些收入来源于投资或所持有现金的利息收入。

各种成本和支出——从制造和储存货物的成本，到工厂和设备折旧，到利息支出和纳税——然后把这些成本和支出从收入中减去。底线——所余的数——是这一报告期的净收入，或净利润或净收益。

看一看联合帽架公司收入表上的各行项目的含义（表 A—2）。售出货物成本是联合公司生产帽架的成本。这个数字包括原材料成本，如木材，也包括把木材变成成品的成本，包括直接劳动成本。通过从销售收入中减去售出货物成本，我们得到公司毛利润——公司赢利能力的粗略估算。

下一个主要成本大类是经营支出。经营支出包括管理人员工资、租金、销售和营销成本以及其他非直接影响产品生产成本的商业成本。生产帽架的木材不会放在这里，广告成本和联合公司管理人员的成本归在这里。

折旧在收入表里是一项支出，尽管没有用现金支付。前面讲过，折旧是一个估计一项资产在一定时间内的消耗，或者说设备价值的减少的办法。例如，一台电脑每年损失大约三分之一的价值。因此，公司没有在购买的第一年支出电脑的全部价值，而是在三年中根据实际使用减少其价值。折旧的意义在于承认某些资产价值不断减少。

从毛利中减去经营支出和折旧，我们得到经营收益。这种收益常常叫做利税前收益。

我们现在到了收入向底线移动的最后两项扣减。利息支出是公司为贷款所付的利息。所得税是政府向公司的收入征收的税款，是最后一项费用。

收入所剩余的部分称做净收入，或收益。如果净收入为正值——像联合公司这样——我们就有了利润，这是为赢利而存在的公司生存的目的。

表 A—2

联合帽架公司收入表(财务年度截止于 2002 年 12 月 31 日)	
零售额	$2,200,000
公司销售额	$1,000,000
销售总收入	$3,200,000
减：售出货物的成本	$1,600,000
毛利润	$1,600,000
减：经营支出	$800,000
折旧支出	$42,500
利税前收益	$757,500
减：利息支出	$110,000
所得税前收益	$647,500
减：所得税	$300,000
净收入	$347,500

来源：HMM Finance。

弄清收入表

像平衡表那样，按不同年份列在一起的收入表大大有助于我们分析公司的收入。这使我们发现趋势和拐点。多年度报告提供多时期的数据，经常有五年或更多年的数据。表 A—3 反映的是联合公司多年份收入表。

在这张多年份的收入表中，我们看到联合公司的年度零售额稳步增长，其公司销售额已经停滞并还稍有下降。然而，即使总销

表 A—3

联合帽架公司多年份收入表(日期截止于 2002 年 12 月 31 日)

	2002	2001	2000	1999
零售额	$2,200,000	$2,000,000	$1,720,000	$1,500,000
公司销售额	$1,000,000	$1,000,000	$1,100,000	$1,200,000
销售总收入	$3,200,000	$3,000,000	$2,820,000	$2,700,000
减：售出货物成本	$1,600,000	$1,550,000	$1,400,000	$1,300,000
毛利润	$1,600,000	$1,450,000	$1,420,000	$1,400,000
减：经营支出	$800,000	$810,000	$812,000	$805,000
折旧支出	$42,500	$44,500	$45,500	$42,500
利税前收益	$757,500	$595,500	$562,000	$552,500
减：利息支出	$110,000	$110,000	$150,000	$150,000
所得税前收益	$647,500	$485,500	$412,500	$402,500
减：所得税	$300,000	$194,200	$165,000	$161,000
净收入	$347,500	$291,300	$247,500	$241,500

售额增加，经营支出基本保持不变。这是一个好现象，说明管理层正在控制做生意的成本。公司的利息支出也下降了，可能是因为公司已经偿还了一笔贷款。在底线上的净收入显示增长良好。

现 金 流 表

现金流表是三个基本财务报表中的最后一个，人们用得或懂得最少。这个报表详细记载会计期间现金额（或现金等值物）变化的原因。更具体地讲，现金流表反映了所有因为经营活动、投资和融资活动而发生的现金额变化。就像你支票账户收到的银行对账单一样，现金流表说明期初有多少现金在账，以及期末有多少现金。此表还说明公司在一定时期如何取得和使用现金。现金使用记为负数，现金来源记为正数。

如果你是一家大公司的经理，公司现金流的变化一般不影响你的日常工作。尽管如此，了解公司最近的现金流情况仍然很有好处，因为当你准备来年预算时，现金流预测可能会起作用。例如，如果现金紧张，你可能想节约开支。相反，如果公司现金充裕，你可能有机会进行新投资。如果你是一家小公司的经理（或业主），你可能非常注意现金流的情况，而且几乎每天感受到其影响。

现金流表很有用，因为它指明你公司是否把应收款变成了现金。这种能力最终使你公司有支付债务的能力。支付债务能力是当账单到期时的付款能力。

像我们说明其他报表那样，我们用一个简单等式说明现金流表的概念：

利润产生的现金流 ＋ 其他来源现金－现金使用 ＝ 现金变化

表 A—4

联合帽架公司现金流表，2002 年	
净收入	$ 347,500
经营资产与负债	
应收款	$ (75,600)
成品库存	$ (125,000)
预付支出	$ (37,000)
应付款	$ 83,000
应计支出	$ 25,000
应付所得税	$ (23,000)
折旧支出	$ 89,000
经营资产与负债总变化	$ (63,600)
经营产生的现金流	$ 283,900
投资活动	
出售不动产、厂房和设备	$ 267,000
资本支出	$ (175,000)
投资活动产生的现金流	$ 92,000
融资活动	
增加的短期债务	$ 27,000
长期借贷	$ 112,000
资本股票	$ 50,000
股东现金红利	$ (187,000)
融资活动产生的现金流	$ 2,000
年内现金增加	$ 377,900

来源：HMM Finance。

还是用联合帽架公司的例子。我们看到在2002年的现金流表中,公司产生了377,900美元的正现金流(表A—4)。这张表显示经营产生的现金流(283,900美元)加上投资活动(92,000美元)和融资(2,000)共产生377,900美元的新增现金。

现金流表统计的内容与收入表不一样。如果没有现金交易,则不能反映在现金流表上。然而,注意在现金流表顶端的净收入与收入表的底线相同;这是公司利润。通过一系列调整,现金流表将这一净收入转换为以现金为基础的收入。

现金流表的形式反映了三类影响现金的活动。现金可以增加或减少,因为(1)经营,(2)购买或销售资产,即,投资,或者(3)债务或股价的变化或者其他融资活动。让我们分别看看每一类,从经营开始:

- 应收款和成品库存代表公司已经生产但还没有收入付款的项目。预付支出代表公司已经付款但还没有使用的项目。所有这些项目减少现金流。
- 应付款和应计支出代表公司已经收到或使用但还没有付款的项目。因此,这些项目增加现金流。

现在看投资。投资活动包括以下内容:

- 来源于厂房,不动产和设备的销售收入。换言之,来自于将投资变为现金的收入。
- 公司用于投资于金融工具和厂房,不动产和设备的现金(后三项投资常表示为资本支出)。

现金流表显示联合公司以267,000美元售出了一幢建筑,并且做了 175,000 美元的资本支出,结果现金流净增加 92,000 美元。

现金流与利润

很多人把利润看做现金流。不要犯这个错误。在一定时期,利润可能增加或不增加现金流。例如,如果本年度利润来源于 11 月份的一个大额销售,这笔销售可以记为这个财务期的收入,因此增加利润。但是如果下个会计期前没有收到这笔销售的款项,则在会计账上记为应收款,这个项目减少现金流。

最后,我们看融资活动产生的现金流变化。联合公司通过增加短期债务,在资本市场借贷,以及发行股票筹集资金,这些增加了其可用现金流。然而,联合公司所支付的红利(187,000 美元)必须从现金流里支出,因此代表现金流下降。

还有更多关于财务报表和其解释的知识,我们不能在这短短的入门中详述,但是你现在有了继续学习的基础。无论如何,你的小创业公司制作的报表应该比较简单,当你和你的会计或财务官工作时,以及当你的公司成长时,你会学到更多的知识。

附录B 盈亏平衡分析

附录 B 盈亏平衡分析

一个有用的决策工具

无论企业家正在筹备新企业还是做关于提供新产品或服务的决策，他们需要知道在哪一点上他们开始赚钱。盈亏平衡是达到这一目的的方便工具。盈亏平衡分析可以告诉你需要卖多少（或再卖多少）才能够支付固定投资，换言之，在哪一点上你将盈亏平衡。手上有了这个信息，你可以观察市场需要和竞争者的市场份额以确定期待卖出那么多是否现实。盈亏平衡分析也能帮你想清改变价格与销量之间的关系。

更具体地讲，盈亏平衡帮你分析在哪个销量水平上，一个产品线或一项投资的税后贡献可以弥补全部固定成本。但在你做计算前，你需要懂得其组成部分。

做 计 算

要计算盈亏平衡，你必须先明白三个会计概念：固定成本、可变成本和边际贡献。

- **固定成本。**这是基本保持不变的成本，无论售出多少产品或服务单位——包括如保险、管理层工资以及租金或租赁费等成本。例如,无论公司生产一万还是两万个单位,生产设施租金保持不变,保险成本也不变。

● **可变成本。**可变成本是那些随着生产和销售单位数量变化而改变的成本,例如水电费、劳动力以及原材料成本。你生产的单位越多,你这些项目的开支就越大。销售佣金是另一种可变成本。

● **边际贡献。**这是每一个售出单位贡献用于支付固定成本的费用。其定义为净单位收入减去单位可变(或直接)成本。

懂得了这些概念,我们就可以做计算了。我们求这一很直接的等式的解。

盈亏平衡数量 ＝ 固定成本 / 单位边际贡献

这里我们这样做。首先,通过用单位净收入减去单位可变成本找到单位边际贡献。然后,用全部固定成本,或投资额,除以单位边际贡献。商是盈亏平衡数量,即,为了弥补全部固定成本所必须售出的单位数量。

让我们看一个假想的情况。联合帽架公司计划销售新推出的安在墙上的塑料帽架,每个 75 美元。公司每个帽架的可变成本为 22 美元。公司花费 10 万美元(一项固定成本)购买生产这些帽架的塑料挤压机。因此

＄75(单价)－ ＄22(单位可变成本)＝ ＄53(单位边际贡献)

所以

＄100,000(所需全部投资)/ ＄53(单位边际贡献) ＝ 1,887 个

上面的计算表明联合公司必须卖出 1,887 个帽架才能对 10 万美元的投资达到盈亏平衡。

此时,联合公司必须确定能否实现盈亏平衡销量:期待销售 1,887个帽架是否现实,如果是,多快才能售出?

盈亏平衡的复杂情况

我们帽架盈亏平衡的分析表示的是一种简单的情况。这个分析假定成本明确固定或可变,成本和单位贡献不随销量变化而变(即,所销售项目的价格在不同产量下不变;无论生产销售一万或十万单位,租金也不变)。

这些假定在更复杂的世界里也许不成立。租金可能在一定的生产水平上固定,然后当你租用第二处设施处理增产时,租金上升 50%。现实中劳务成本可能是固定和可变成本的混合体。当你把更多产品推向市场,你可能需要打折,这将减少单位贡献。为了解决这些复杂的现实问题,你必须调整盈亏平衡的计算。

经营杠杆

当然,你作为企业家的目的不是盈亏平衡而是赢利。当你销售很多单位的贡献已经弥补了所有固定成本后,每再卖一件就直

接贡献利润。我们前面讲过，

单位净收入 － 单位可变成本 ＝ 利润贡献

你可以一眼看到单位可变成本越低，利润贡献越大。例如，在医药行业，生产包装一瓶新药的单位成本可能不到一美元。但是如果公司能每瓶卖到100美元，当销售额超过盈亏平衡点，每瓶就有巨大的99美元贡献给公司利润！问题是这家医药公司为了生产出第一瓶药，已经先期在固定产品开发成本上投入了4亿美元。公司要销售很多瓶这种新药才能达到盈亏平衡。但当达到盈亏平衡时，利润会非常可观。

固定成本和可变成本的关系常被描述为经营杠杆。固定成本相对于可变成本高的公司称为有高经营杠杆。例如，医药行业一般为高经营杠杆。软件行业也是如此：其主要成本是固定的产品开发支出；用于分销程序的CD只值几毛钱。

现在看相反的情况：低经营杠杆。这里，固定成本相对于生产一个单位产量的总成本很低。一家咨询企业是低经营杠杆的一个好例子。公司在设备和固定支出上投资极少。其主要成本是付给咨询师的费用，费用按咨询师实际为客户工作小时的不同支付。

当公司超过其盈亏平衡点后，经营杠杆是一个很好的东西，但是如果没有达到盈亏平衡，经营杠杆也能造成巨大亏损。换言之，经营杠杆有风险。这就是为什么管理者深思熟虑地寻找固定成本和可变成本间的最佳平衡。

附录C 估值概念

附录 C　估值概念

一家企业到底值多少钱?

你的企业值多少钱?这个问题多数企业家必须最终回答,因为他们或者正在买入一家企业,或者正在卖出他们的一家企业。正确回答这个问题非常重要。如果你购买一家企业付得太多,你的回报率将令人失望。相似地,如果你低估你出售的实体价值,你吃了亏还不知道。

对一家现有企业(或大或小)估值既不容易也不精确。多数情况下,这是专家的领域。但是这个问题很重要,不能只留给专家。作为企业家,你应该熟悉专家使用的各种估值方法,包括其优缺点。这里讨论这些方法。[1]

但在我们开始前,注意这些问题。你永远不会肯定地知道一家企业的真实价值。你可以寻找,但你永远不会肯定找到了企业的真正价值。缺少确定性是两个问题的结果。首先,即使仔细计算,不同的估值方法也不能一致地产生同样的结果。第二,估值方法的结果好坏仅依赖于我们使用的数据和估算,这些常常不完整,不可靠,或基于预测。例如,一种方法严重依赖于未来的现金流估算。在最好的情况下,这些估算也只是接近。在最坏的情况下,将远离靶心。

另一点必须考虑到一家公司对于不同人的价值也不

同。不同的潜在买主可能赋予相同资产以不同的价值。例如,如果你是一个图书收藏者,已经拥有除了《丧钟为谁而鸣》(*For Whom the Bell Tolls*)以外的海明威所有小说的第一版,那么对你来说,这最后一本的价值比对于只收藏了一两本海明威首版小说的收藏者高得多。原因?对你来讲,买这一本就构成了全套,全套的价值高于每本单独计算的和。企业也从相似的角度看待收购。例如,收购一家小公司可能为收购者带来所需要的撬动其他业务的技术。这是为什么很多公司被高于其股票市场价的价格收购的部分原因。

记住估值是专家的领地也很重要。小型紧密持股企业一般聘请专业评估师,如果为了出售,必须确定公司价值;如果使用了员工持股计划,必须决定股价价值;或者还有其他目的。如果大型公众公司或其业务单位需要估值,总裁们一般会请很多不同的提供一条龙服务的会计公司,投资银行,或者咨询公司参与估值。这些公司中很多有专门从事合并与收购的部门,估值问题是合并与收购的焦点。一个处理多种业务的企业家不可能是这些事项的专家,但你应该懂得各种估值方法的实质及其优缺点。

估值问题常出现于紧密持有企业——即,只有几个所有者的企业——或涉及一家公众公司的一个经营单位的出售。两者都没有公开交易股票。所有权公开交易市场,例如纳斯达克或纽约股票交易所,使价值更透明。这些市场每日的买卖确定了一家公司的每股价格。这个价格乘以股票发行数量,常常提供了评价一家公司在某一时点较为准确的价值基础。但是,没有公开交易就没有这一基础。

基于资产的估值

一种评估企业的方式是确定其资产价值。基于资产的估值有四种方法:权益账面价值,调整后的账面价值,清算价值和重置价值。

权益账面价值

权益账面价值是最简单的估值方法,用平衡表作为信息主要来源。公式如下:

权益账面价值 = 总资产－总负债

让我们用在附录A中看过的联合帽架公司平衡表来试一试这个公式。表A—1显示总资产为3,635,000美元,总负债为1,750,000美元。两者的差——权益账面价值——为1,885,000美元。注意这与总所有者权益相同。换言之,如果你用企业平衡表(或账面)资产价值减去债务和其他财务欠款,就得到了权益价值。

这种计算权益账面价值的办法简单快捷。一个特定行业的总裁们常常用权益账面价值粗略计算其公司价值。例如,一个所有者可能认为他的公司至少值账面价值,因为那是他投资于企业的数额。但权益账面价值对很多行业的企业不是可靠的指南。原因是平衡表上的资产是按历史成本记载的，不一定是今天的价值。还有一些其他理由也说明平衡表资产价值不现实。看一看联合公司的资产：

- 如果账款不能收回，那么应收款值得怀疑。

- 库存反应历史成本，但由于变质或过时，库存可能不值钱，或者不值平衡表（账面价值）记载的那么多钱。或者有些库存或许被低估。

- 不动产、厂房和设备折旧也应仔细核查——特别是土地。如果联合公司的不动产于1975年记载于账面——如果碰巧不动产位于旧金山市中心，那么该不动产的真实的市场价值可能10倍或20倍于1975年的数字。

上面几个例子只是说明为什么账面价值不总是真实的市场价值。

调整后的账面价值

快速但粗糙的权益账面价值方法的缺点使有些人采用调整后的账面价值。这一方法试图重新按现实市场水平确定平衡表的资产价值。看看20世纪90年代一个零售连锁公司杠杆收购中调整后的账面价值的影响。分析的当时，连锁公司权益账面价值为13亿美元。然而，当其库存和不动产资产调整到评估价值后，企业的价值跃升为22亿美元——上升了69%。

当资产价值调整时，有必要确定所列无形资产的真实价值，例如商誉和专利。多数情况下，当一家公司以超过账面价值购买另一家公司时，商誉是一个创造出的会计虚构。超过部分作为商誉记在平衡表上。但这一无形资产对一个潜在买主可能没有价值。

清算价值

清算价值与调整后的账面价值相似。清算价值试图重新确定平衡表价值，办法是如果资产能够快速卖掉，而且公司所有负债能够还掉或用别的方法处理掉，然后得出的净现金数就是清算价值。这个方法认为很多资产，特别是库存和固定资产，通常不能卖出很好的价钱，因为找不到合适的买家。

重置价值

有些人用重置价值获得一个价值的粗略估算。这种办法简单估算重新生产企业资产的成本。当然，一个买家可能不想复制所出售公司的全部资产。这种情况下，重置价值高于买方给予公司的价值。

这里介绍的各种基于资产的估值方法有一些共同的优缺点。优点是，基于资产的方法计算起来简便不贵。这些方法也容易明白。缺点是，权益账面价值和清算价值不能反映资产的真实市场价值。所有这些方法没有承认一家运转企业的无形价值，这种无形价值来源于因人员知识、技术和信誉产生的财富创造能力。

基于收益的估值

为企业估值的另一种方法是使其收益资本化。这包括用某个数字乘以收入表中的一个收益数(如所得税前收益)。然而,有些基于收益的方法更复杂。

收益倍数

对于一家公开交易公司,当前股票乘以股票发行数量就是公司权益的市场价值。把公司债务加到这个价值上,你就得到企业总价值。换言之,公司总价值是所有者权益加上未清偿债务。为什么加债务?考虑一下你的房子。当你去卖房时,你的定价不是房产中你的权益部分。房产价值是总的未偿债务加你的权益。与此相似,一家公司的价值是股东权益加上负债。这常称为企业价值。

一家公众公司的股票价格由每个交易日的交易确定,权益定价很直接。但是一家紧密持有公司的情况如何呢?因为这种公司不在公开市场交易,其股票价格一般不得而知。我们可以使用公开交易的相似公司的众所周知的市价—赢利倍数(通常叫市盈率)得到价值估算。市价—赢利股票价值法先用这个公式:

股票价格 = 当前赢利 × 倍数

我们从可比公开交易公司计算倍数，如下：

倍数 = 股票价格 / 当前赢利

所以，如果XYZ公司的股票目前每股50美元，其当前赢利为每股5美元，那么倍数为10。用股票市场术语，我们说XYZ公司在以10倍的市盈率交易。

我们能用这个倍数方法为一家非公众公司的权益定价，如果我们能找到一家或几家有已知市盈率倍数的相似企业。这是一个挑战，因为没有两家企业完全一样。每个企业的独特性使估值专家承认他们的工作部分是科学部分是艺术。

为了进一步学习这一方法，我们回到样本公司。因为联合帽架公司是一家紧密持有公司，我们没有为其股份估值的现成基准。但让我们假定我们成功地找到了一家（或者更好，几家）在多方面（行业和规模）与联合公司相似的公开交易公司。我们称这家公司为顶点公司（Acme Corporation）。我们假定顶点公司的市盈率为8。我们再假定我们的一流研究员发现了另一家公司，这是家私人公司，和联合公司在一个行业，最近以大约同样的8倍数被收购。这使我们有信心我们的8倍不会相差太远。

有了这个数字，我们再看一下附录A（表A—2）中的联合公司收入表。我们看到公司的净收入（收益）是347,000美元。把相差的数字代进下列公式，我们估计联合公司的价值为：

收益 × 大约倍数 = 权益价值

$347,000 × 8 = $2,780,000

记住这是公司权益的价值。要得出联合公司的全部企业价值，我们必须加上全部有息债务。附录A中的表A—1显示公司2002年的有息债务（短期和长期债务）为1,175,000美元。所以，整个企业的价值如下：

企业价值 ＝ 权益价值 ＋ 有息债务价值

＄3,955,000 ＝ ＄2,780,000 ＋ ＄1,175,000

倍数估值法的有效性部分决定于收益数字的可靠性。例如，最近的收益可能由于一次性注销过时库存而变得不自然地低，或者因为出售一家子公司而变得非常高。因此，你必须考虑偶然的和非经常发生的项目因素。与此相似，你应该查看支出以确定其正常——不特别高也不特别低。例如，一段时期不成比例的低维护费用能提高短期收益，但会造成未来延期维护的特别支出。与此相似，不常发生的、意外好的销售也会扭曲收益情况。

在小型紧密持有公司中，你需要特别注意业主—经理和其家庭成员的工资。如果工资不合理地高或低，则需要调整收益。你也应该评价折旧率以确定其合理性，如果需要，对报告的收益做出合适的调整。

利税前收益倍数

刚才讲过的估值的倍数方法的可靠性依赖于和目标公司有可比性的替代公司。在联合公司的例子中，我们非常依靠所看到的顶点公司的收益倍数。顶点公司是一家业务与联合公司相似的公开交易公司。不幸的是，这两家公司可能产生相同的经营结果，但显示给股东的底线利润非常不同。

这怎么可能？答案是双重的：两家公司显示不同的底线利润，因为它们融资的方式不同，也因为税收。如果一家公司的债务融资很多，利息支出将很大，这些利息支出将减少所有者可得到的底线利润。同理，一家公司的税额可能由于某种原因大大高于另一家，而这种原因与公司的未来财富创造能力没多大关系。税收减少底线收益。

看一下表 C—1 中的假想情形。注意两家公司产生相同的利税前收益。但是因为顶点公司的资产融资用了更多的债务和较少的权益资本，它的利息支出要高得多(350,000 美元相对于110,000 美元)。与联合公司相比，这大大减少了其所得税前的收益。尽管两家公司付出同样百分比的所得税，顶点公司的底线利润却低得多。

表 C—1

联合帽架公司和顶点公司的假想收入表

	联合公司	顶点公司
利税前收益	$757,500	$757,500
减：利息支出	$110,000	$350,000
所得税前收益	$647,500	$407,500
减：所得税	$300,000	$187,000
净收入	$347,500	$220,500

两家可比企业的收益差异产生不同的权益价值。这个问题可以通过在估值过程中使用利税前收益而不是底线收益来解决。有些业内人士更进一步，使用利税前收益加折旧和摊销倍数。折旧和摊销是减少底线收益的非现金费用，它是一种会计分摊，会在相

似公司间产生差异。通过在估值等式中使用利税前收益加折旧和摊销，就避免了这种潜在的扭曲。

现金流折现法

刚才讲过的基于收益的方法的一个大问题是，这些方法基于历史业绩——去年发生的事。但是历史业绩不能保证未来结果。如果你出价购买一家地方小企业，很可能你的价格是基于其以后数年产生利润的能力。同理，如果你公司计划购买联合帽架公司，你公司对联合公司过去赢利的兴趣没有对其在新管理层下未来可能赢利的兴趣大。

我们可以通过使用一种更复杂的估值方法使基于收益的估值面向未来，方法是现金流折现法。现金流折现估值法基于金钱的时间价值概念。现金流折现法通过计算一家企业未来现金流的现值，包括终值，以决定价值。因为这种现金流可供权益持有人和债务持有人使用，现金流折现法能够反映企业作为总体的价值，或者只反映留给股东的那部分现金流。

本书未讲述时间价值概念。但是所有金融教科书，以及《哈佛商务指南：经理人财务》(哈佛商学院出版社 2003 年)都有解释。

现金流折现法有许多优点：

- 承认未来现金流的时间价值。
- 面向未来，并且用新业主能够取得的程度估算未来现金流。

- 考虑到买方的资金成本。
- 不依靠与相似公司对比，对比一定会在各种方面不同（例如，基于收益的倍数）。
- 基于真实现金流，而不是会计价值。

现金流折现法的缺点是假定包括终值的未来现金流可以合理准确地估算。对于较远未来做的现金流估算很少会是准确的。

显然，这些信息不足以使你成为估值专家，但是如果了解一些皮毛，你就能在与专家谈判出售你的公司或购买另一家公司时，处于更好的位置。

小　结

企业估值这一重要但有难度的话题可以总结为三种方法：

- **基于资产。**这一估值方法包括权益账面价值、调整后的账面价值、清算价值或重置价值。总的来说，使用这些方法容易计算和使人明白，但有突出的缺点。除了重置和调整后的账面价值的方法，不能反映资产的实际市场价值；这些方法也没有承认一家运转企业的无形价值，这种无形价值来源于因人员知识、技术和信誉产生的财富创造能力。
- **基于收益。**这一估值方法包括市盈率法、利税前收益法和利税前收益加折旧和摊销法。基于收益的方法一般好过基于资产的方法，但依赖于可比企业已知的市盈率倍数的可得性。

● **基于现金流。**这种方法基于金钱的时间价值概念。现金流折现法有许多优点，最重要的是其面向未来。这种方法用新业主能够取得的程度估算未来现金流。此方法也承认买方的资金成本。这种方法的主要缺点是产生可靠的未来现金流估算的内在难度。

最后，这些估值方法一定会产生不同的结果。即使两位经验丰富的专业人员使用同一种方法，也会产生不同的结果。因此，多数评估师用几种方法估算一项资产或一家企业的真实价值。

创业者百宝箱

附录D 你需要时的网上帮助

附录 D 你需要时的网上帮助

创业者可以从很多来源获得信息和建议。最好的有银行、当地商学院和你自己社区的其他商人。你也可以从互联网上找到很多帮助。"很多"是一个低估的词。一个人可以花很多天时间探索众多专为创业者和小企业主设的网站和链接。这有一个简短的单子,介绍最有用的站点。

www. bplan. com

这个网站有很多建议,商业计划样本和不少有用的"计算器",你可以用来估算创业所需的现金、现金流和盈亏平衡。还有一个涵盖广泛话题的文章数据库,包括购买特许经营的优缺点,购买一家业绩不良企业,企业估值,寻找投资天使,等等。这些文章不很深,但有助于你沿着正确的方向进行思考。

www. businessfinance. com

这个网站有一些 PDF 格式的免费下载的小册子,可以帮助你建立信用形象,提出融资要求,以及与天使和风险投资家做生意。

www. sba. gov

这是所有小企业网站的母站,具有关于一切事项的信息和建议，从商业创业基础，到商业计划、融资、营销、税收、法律问题，等等。全部信息由美国小企业局免费提供。甚至还有一自我诊断测试，你可以用来决定你是否具有创业者的素质。也许这个网站最有用的是以下项目：

- **覆盖几十个话题的在线课程。**这些课程很详尽。多数有音频剪辑和自测题，有些有互动工作表，你可用以做现金流表，写商业计划，等等。掌握这些课程的材料，你就能成为一个有关小企业的咨询师。

- **有关美国小企业局贷款和申请人资格的信息。**美国小企业局提供许多融资项目以帮助小企业。妇女、少数民族、残疾人、美国退役军人和低收入公民有资格申请特别融资项目。

www. entrepreneur. com

这是《企业家杂志》(*Entrepreneur Magazine*)的网站。这个网站特别介绍小企业所有权和经营的各个方面的具体操作指南，还有关于几十个话题的专家建议的链接。去看看和你业务有关的历史文章档案库。每年的1月号总是列出美国十佳特许经营机会，带有相关投资和费用要求，培训和业主资质数据。

www. score. org

美国小企业咨询师协会是一个位于华盛顿的非赢利性组织，为企业家提供免费的面对面和电子邮件咨询。该组织389个分会的10,500名退休和义务商人为潜在创业者提供咨询和低成本研讨会。要找到这个组织离你最近的办公室，查看该站的便捷定位器。

急需咨询吗？小企业咨询师协会有很多关于一般问题的“60秒指南”，例如怎样更好地收回应收款，占领市场缝隙，等等。你也可以在线提出具体问题，并等候该协会 1,200 名在线咨询师中的一位在 24 小时内通过电子邮件对你的问题做出解答。

www.businessparters.com

寻找股权资本吗？根据此网站主页的介绍，“商业伙伴”是一家全球性的网上服务公司，它把创业者、创业早期的公司和公司投资者联系在一起。该站的链接将把你带到很多提供信息的网站，包括那些从事寻找天使投资者以及从投资角度审察你的商业计划的网站。

www.antiventurecapital.com/vc9ad1.html

认为你有机会得到风险融资吗？在你希望过高之前，看看这个反对风险资本的网站。这会让你冷静，可能节省你浪费在搜索和发出根本没人读的商业计划上的数月时间。

www.hoovers.com/global/ipoc/index.xhtml

这个网站告诉你此时哪些公司准备好上市。该网站提供这些公司的简要介绍、销售收入、员工人数、筹集资本数额等等。你也能在这个网站上浏览到一批新上市的公司；方便的价格图使你一眼就能看到自发行之日起股东是赚钱还是赔钱了。

附录 E 第 144 条规定

附录 E 第 144 条规定

出售受限制和控制证券

美国证券交易委员会限制原始股发行前取得的普通股出售。有数条规定说明如何解除限制。这里是证券交易委员会关于受限制股票的说明。

当你取得受限制股票或者持有控制证券,你必须从证券交易委员会的注册要求中找到豁免才能在市场上卖出股票。第 144 条规定允许受限制和控制证券的再售,如果满足一些条件。这个概述告诉你出售受限制或控制的证券需要知道什么,也说明如何清除限制标记。

什么是受限制和控制证券?

受限制证券是从发行人或发行人关联方以非注册私下销售方式获得的证券。投资者收到受限制股票的方式一般有,私募出售,D 条例出售,员工股票福利计划,专业服务报酬,为公司提供"种子资金"或创业资本。第 144 条(a)(3)说明何种销售产生受限制证券。

控制证券是发行公司关联方持有的证券。关联方是一个与发行方为控制与被控制关系的人，比如董事或大股东。控制意味着能够左右公司的管理和政策，无论是通过掌握投票证券的所有权、合同，还是其他方式。如果你从一个控制人或关联方购得股票，你就获得了受限制股票，即使这些股票在关联方手中并不受限制。

如果你取得了受限制证券，你几乎总要收到一份盖有"受限制"标记的证书。这个标记表明除非此证券在证券交易委员会注册，或者从注册要求中豁免，证券不能在市场出售。控制证券的证书通常不盖有标记。

第 144 条规定的条件是什么?

如果你想向公众出售受限制或控制证券，你可以按第 144 条规定列出的条件做。这条规定不是出售受限制或控制证券的唯一方式，但为卖方提供了一个"安全"港豁免。该规定的五个条件如下：

1. 持有期。在你可以在市场上出售受限制证券之前，你必须最少持有一年。当购得证券并缴清全部款项后，一年持有期开始。持有期只适用于受限制证券。因为在公开市场购买的证券不受限制，一个关联方在市场所买的发行人证券没有持有期。但关联方再售要符合本规定的其他条件。

从发行人那里额外购买的证券不影响以前购买的同一类证券

的持有期。如果你从另外一个非关联方购入受限制股票，你可以把那个非关联方的持有期加到你的持有期上。对于关联方赠送的证券，持有期从关联方取得证券时开始，不是从赠送日期开始。如果是例如员工收到的股票期权，持有期总是从期权行权日开始，而不是从得到期权时开始。

2. 充分的当前信息。在证券销售前，必须有证券发行人的充分的当前信息。这一般意味着发行人已经遵守了1934年证券交易法的阶段报告要求。

3. 交易量公式。一年持有期后，任何三个月可以出售的股票数量不能超过同类股票发行股数的1%，或者如果这类股票在股票交易所挂牌或在纳斯达克报价，你出售的股票不能超过交易量的1%或不能超过在144表申报销售通知前的四个星期内的平均周交易量。柜台交易股票，包括场外柜台交易系统或粉单交易市场报价的股票，只能用1%的标准出售。

4. 普通经纪交易。出售必须在各方面按常规交易处理，经纪商不能收取超过正常水平的佣金。卖方或经纪商不能征寻购买证券的订单。

5. 向证券交易委员会申报销售通知。在你下订单的时候，如果销售数量超过500股或者在三个月内总金额大于10,000美元，你必须在144表上向证券交易委员会申报销售通知。销售必须在申报报表后三个月内实现，如果证券未出售，你必须申报更正通知。

如果你不是发行人的关联方，并且已持有受限制证券两年，你可以不管上述条件出售股票。

如果达到第144条规定的条件，可以公开出售证券吗？

即使你已经达到第144条规定的条件，在你使证书标记清除之前，你还是不能向公众出售受限制证券。只有转让代理商才能清除受限制标记。但是除非你取得发行人可以清除受限制标记的同意（通常是以发行人律师意见函的形式），转让代理人不能清除标记。在没有得到同意的情况下转让代理人无权清除标记并只得在市场里执行交易。

要开始这一（清除标记的）程序，投资人应联系发行证券的公司，或公司证券的转让代理人，询问清除标记的程序。因为清除标记可能是一个复杂的过程，如果你考虑买卖受限制证券，明智的做法是咨询证券法专业律师。

如果出现我可否清除标记的争议怎么办？

如果出现可否清除标记的争议，证券交易委员会不会干预。清除标记完全是证券发行人处理的事宜。各州法律，而不是联邦法律,处理有关清除标记的争议。因此,证券交易委员会在有关清除受限制标记的决定和争议方面不会采取行动。

来源:美国证券交易委员会。

注 释

注　释

序　言

1. William D. Bygrave, ed., *The Portable MBA in Entrepreneurship*, 2nd edition (New York: John Wiley & Sons, 1997), 2.

2. William E. Wetzel Jr., "Venture Capital," in *The Portable MBA in Entrepreneurship*, 2nd edition, ed. William D. Bygrave (New York: John Wiley & Sons, 1997), 185.

第 1 章

1. William D. Bygrave, ed., *The Portable MBA in Entrepreneurship*, 2nd edition (New York: John Wiley & Sons, 1997).

2. Walter Keummerle, "A Test for the Fainthearted," *Harvard Business Review*, May 2002, 122-127.

3. 同上，122。

4. 同上，125。

5. Dan Bricklin, "Natural-Born Entrepreneur," *Harvard*

Business Review, September 2001, 53-59.

第 2 章

1. Jeffry A. Timmons, *New Venture Creation*, 6th edition (Burr Ridge, Illinois: McGraw Hill-Irwin, 2004), 119-120.

2. Jeffry A. Timmons, "Opportunity Recognition," in *The Portable MBA in Entrepreneurship*, 2nd edition, ed. William D. Bygrave (New York: John Wiley & Sons, 1997).

3. David Bovet and Joseph Martha, *Value Nets* (New York: John Wiley & Sons, 2000), 40.

第 4 章

1. Richard G. Hamermesh and Paul W. Marshall, "Note on Business Model Analysis for the Entrepreneur," Class Note 9-802-048, Harvard Business School Publishing, Boston, 22 January 2002, 1.

2. Joan Magretta, "Why Business Models Matter", *Harvard Business Review*, May 2002, 86-92.

3. David Bunnell, (with Richard Luecke) *The eBay Phenomenon* (New York: John Wiley & Sons, 2000), 77.

4. Bruce Henderson, "The Origin of Strategy," *Harvard Business Review*, November-December 1989.

5. Michael E. Porter, "What Is Strategy?" *Harvard Business*

Review, November-December 1996: 61-78.

6. 同上。

7. 同上，12-13。

8. 同上，12。

9. Alfred E. Osborne 教授写给作者的备忘录，21 March 2004。

第 5 章

1. William A. Sahlman, "How to Write a Great Business Plan," *Harvard Business Review*, July-August 1997, 100-101.

2. 哈佛商务指南网站有免费可下载的电脑电子表格模板，你可以用于编写你商业计划中的预计平衡表、收益表和现金流表。该网站还有几种你的商业计划读者会觉得有用的图表。这个软件有完整的使用说明。下载该软件，请访问：www. elearning. hbsp. org/businesstools。

3. William Strunk Jr. and E. B. White, *The Elements of Style*, 3rd edition (New York: Macmillan Publishing Company, 1979), 23.

第 6 章

1. Amar Bhide, "Bootstrap Finance: The Art of Start-ups," in *The Entrepreneurial Venture*, 2nd edition, eds. William A. Sahlman, Howard Stevenson, Michael Roberts, and Amar Bhide (Boston: Harvard business School Press, 1999), 224.

2. 同上。

3. 如果要看 eBay 演变的全部记述，见 David Bunnell,（with Richard Luecke）*The eBay Phenomenon*（New York: John Wiley & Sons, 2000），17-30。所有此处关于该公司的财务记述引自 eBay 2001 年 10-K 表。

第 7 章

1. William E. Wetzel Jr., "Venture Capital," in *The Portable MBA in Entrepreneurship*, 2nd edition, ed. William D. Bygrave（New York: John Wiley & Sons, 1997），185.

2. 同上，186。

3. Mark Van Osnabrugge and Robert J. Robinson, *Angel Investing: Matching Startup Funds with Startup Companies—A Guide for Entrepreneurs, Individual Investors, and Venture Capitalists*（San Francisco: Jossey-Bass, 2000），5.

4. "The Angel Investors Are Here" http://www.angel-investing.org/angel-directory-3.html (accessed 28 January 2004).

5. 欧洲商业天使网，www.eban.org（登录日期 2004 年 1 月 26 日）。

6. 如果要看关于风险资本交易技术和法律问题的全面分析，见 Constance Bagley and Craig Dauchy, "Venture Capital," in *The Entrepreneurial Venture*, 2nd edition, eds. William A. Sahlman, Howard Stevenson, Michael Roberts, and Amar Bhide（Boston: Harvard business School Press, 1999），262-303。

第 8 章

1. Stephen C. Blowers, Peter H. Griffith, and Thomas L. Milan,

The Ernst & Young Guide to the IPO Value Journey (New York: John Wiley & Sons, 1999), 8.

第 9 章

1. Amar Bhide, "Building the Self-Sustaining Firm," Class Note 395-200, Harvard Business School Publishing, Boston, 1995.

2. Michael J. Roberts, "Managing Transitions in the Growing Enterprise," Class Note 393-107, Harvard Business School Publishing, Boston, 1993.

3. 同上，388。

4. Eric G. Flamholtz and Yvonne Randle, *Growing Pains: Transitioning from an Entrepreneurship to a Professionally Managed Firm*, revised edition (San Francisco: Jossey-Bass, 2000), 11.

5. 同上，xvii。

第 10 章

1. Michael L. Tushman and Charles A. O' Reilly III, *Winning Through Innovation* (Boston: Harvard business School Press, 1997), 33-34.

2. 同上，219。

第 11 章

1. T. A. Soja and J. E. Reyes, *Investment Benchmarks: Venture Capital* (Needham, MA: Venture Economics, 1990), 191.

2. Tom Copeland, Tim Koller, and Jack Murrin, *Valuation: Measuring and Managing the Value of Companies*, 2nd edition (New York: John Wiley & Sons, 1994), 70.

附 录 C

1. 本章有关资料改编自 Michael J. Robert, "Valuation Techniques," Class Note 9-384-185, Harvard Business School Publishing, Boston, revised 18 August 1988。

创业者百宝箱

术语表

术语表

ACCOUNTS PAYABLE(应付账款) 平衡表中负债的一个大类,表示公司欠款。

ACCOUNTS RECEIVABLE(应收账款) 平衡表中资产的一个大类,表示顾客和其他机构所欠公司的款项。

ACID-TEST RATIO(速动比率) 所谓速动资产(现金、市场证券、应收款)对流动负债的比率。与流动比率不同,计算时不计库存。

ADJUSTED BOOK VALUE(调整后账面价值) 一种经过调整的账面价值估值方法,目的是按照现实市场价值重述平衡表上某项资产的价值。

ANGEL(天使) 见 *Business angtl* **(商业天使)**。

ASSETS(资产) 平衡表中的项目,是公司投资用于经营业务的项目。例子有现金和金融工具,原材料与成品库存,土地,建筑和设备。资产还包括顾客和其他机构所欠公司的款项——这一资产项目被称为应收账款。

BALANCE SHEET(平衡表) 一种财务报表,描述企业所拥有资产并显示这些资产如何融资取得——用贷款方资金(负债),所有者权益,或两者。也称作财务状况表。

BOND(债券) 一种债务证券,通常按固定利率和载明到期日发行。债券发行者有定期支付利息和在到期日按面值赎回债券的合同义务。

BOOK VALUE OF SHAREHOLDER EQUITY(股东权益账面价值) 一种平衡表估值方法,用总资产减去总负债计算价值。

BOOTSTRAP FINANCE(自举融资) 一种创业融资形式,创始人依靠他们自有的个人资金来源,以及朋友、家庭、员工和供应商的资金创办企业。

BREAKEVEN ANALYSIS(盈亏平衡分析) 一种分析形式,帮助确定一家公司需要卖多少(再卖多少)以支付固定投资——换言之,在哪一点上公司可以在现金流上达到平衡。

BUSINESS ANGEL(商业天使) 有高净值的个人,一般是成功商人或专业人士,他们以债权或股权资本,或同时以这两者形式,向创业企业提供早期资本。

BUSINESS MODEL(商业模式) 描述企业收入来源,成本推动因素,投资规模,成功因素,以及各种要素如何协同工作的一种概念。

BUSINESS PLAN(商业计划) 一种文件,说明商业机会,发现所服务的市场,并提供细节说明创业组织如何计划实施。理想的商业计划描述管理团队带给项目的独特资质，确定成功所需要的资源，并且给出一个合理时间段的结果预测。

CAPITAL MARKETS(资本市场) 长期债务工具和股权证券(包括私募)发行和交易的金融市场。

CASH FLOW STATEMENT(现金流表) 一种财务报表，详细说明会计期内的现金(和现金等值物)变化情况。更具体地讲，现金流表反映了由于经营活动、投资和融资活动所影响的全部现金变化情况。

C CORPORATION(C 类公司) 在美国，一个州政府批准并在法律上作为一个人对等的实体。C 类公司可以有无限股东人数。公司股份是所有权的证明。实体(至少是间接)由董事会代表全体股东管理。

COLLATERAL(质押) 一项资产许诺给贷款人，直到贷款还清为止。

COMMERCIAL PAPER(商业票据) 一种短期融资工具，主要由大型信誉良好的公司作为短期银行借贷替代品使用。多数商业票据按照面值打折销售，并在到期日按面值赎回。

COMMON STOCK(普通股) 一种证券，表示对发行公司有部分所有权。

COST OF GOODS SOLD(所售货物成本) 在收入表上，表明公司生产货物和服务的成本。这个数字包括原材料、生产和直接劳动力成本。

CURRENT ASSETS(流动资产) 可以很容易地转换为现金的资产,包括现金等值物,如存单和美国国债、应收款和库存。根据一般接受的会计准则,流动资产指可以在一年内转换为现金的资产。

CURRENT LIABILITIES(流动负债) 必须在一年以内偿还的负债;这些负债通常包括短期贷款,工资,所得税和应付款。

CURRENT RATIO(流动比率) 流动资产除以流动负债。这一比率常用于测算一家公司偿还将要到期债务的能力。

DEBT RATIO(债务比例) 公司财务结构中债务除以资产或权益的比例。

DEPRECIATION(折旧) 一项非现金支出,实际减少了一项资产在其预计使用寿命的平衡表中的价值。

DISCOUNTED CASA FLOW(DCF,现金流折现) 一种基于金钱的时间价值概念的方法,通过找到企业未来现金流的现值计算价值。

DUE DILIGENCE(尽职调查) 关于证券公开发行,调查发行人注册声明中的事实和风险声明。

EBIT 利税前收益。

EMPLOYEE STOCKOWNERSHIP PLAN(ESOP,员工持股计划) 在美国,这是一种正式计划,这一计划为员工购买公司股票，对于员工是一种享受税收优惠的退休计划。

ENTERPRISE VALUE（企业价值） 公司权益加上负债的价值。

EQUITY BOOK VALUE（权益账面价值） 总资产减去总负债的价值。

EQUITY CAPITAL（权益资本） 贡献于企业的可以提供所有权的资本。

EXECUTIVE SUMMARY（执行摘要） 在商业计划中，一个很短的部分，令人信服地解释了机会，说明为什么正合时宜，描述公司打算如何利用机会，概要列出企业家的期待结果，并且包括极简单的公司和管理团队介绍。

FINANCIAL LEVERAGE（金融杠杆） 见杠杆作用。

FIXED ASSETS（固定资产） 难于转换为现金的资产，例如，建筑和设备。有时叫做工厂资产。

FIXED COSTS（固定成本） 企业发生的成本，无论生产多少货物或服务，基本保持不变。

GOOD FIT（非常相称） 指一个状况中，企业家和管理团队有利用商业机会所需要的管理、资金、技术能力和个人投入。

GOODWILL（商誉） 一项平衡表中的无形资产。如果一家公司以高于合理市场资产价值的价格购买另一现有公司，商誉将记为资产。商誉也可以是被购入公司的良好声誉，商标名称，或专利等无形事物。这些可能有真正的价值。

GROSS PROFIT(毛利) 销售收入减去所售货物成本。赢利的粗略计算办法。也叫做毛边际利润。

INCOME STATEMENT(收入表) 一种财务报表,指明一段具体时期经营的累计结果。也称为损益表。

INITIAL PUBLIC OFFERING(IPO,原始股发行) 公司首次向公众出售股票。

INVENTORY(库存) 一家公司用于经营的消耗品、原材料、零件等。也包括生产中的货物(不同生产阶段的货物)和等待出售或发货的制成品。

IPO 见原始股发行。

LEVERAGE(杠杆作用) 指一家公司的活动,相对于所有者自有资金贡献,其使用负债和长期债务的程度。

LIABILITY(负债) 对公司资产的要求权。

LIFESTYLE ENTERPRISE(生活方式企业) 一种企业,其目标是为创立者及其家庭提供收入和退休金。

LIMITED PARTNERSHIP(有限合伙) 一种包含有限责任合伙人和一般合伙人的混合组织形式。一般合伙人(可能不止一个)有管理权和经营的无限责任,并且必须在盈亏上至少有1%的权益。有限合伙人没有管理权,在法律上只对他的出资加上其他具体接受的债务负责。

MONEY MARKET(货币市场) 发行者与交易者的网络组织,通过他们,大型贷款人通过销售债务工具筹集短期资金。这一网络包括新发行证券和二级市场交易。

NET INCOME(净收入) 收入表中的“底线”。净收入是销售额减去费用减去税收。也称作净收益或净利润。

NET WORKING CAPITAL(净流动资本) 流动负债减去流动资产;公司锁定于短期经营活动中的资金额。

OPERATING EARNINGS(经营收益) 在收入表中,毛边际利润减去经营费用减去折旧。经常被称为利税前收益。

OPERATING EXPENSE(经营费用) 在平衡表中的一个大类,包括管理费用、员工工资、租金、销售和营销成本以及与生产产品成本不直接相关的其他经营成本。

OPERATING LEVERAGE(经营杠杆) 一家公司经营成本中,固定成本相对于可变成本的程度。例如,一家公司高度依赖机器和极少的工人生产产品,那么就有高经营杠杆。

OWNERS' EQUITY(所有者权益) 总资产减去总负债后所剩余的部分。所有者权益是所有者贡献资本加上留存收益的和。也称为股东权益。

PARTNERSHIP(合伙) 一种有两个或两个以上所有者的商业实体。在美国,从税收和责任角度来看,合伙企业的待遇与独资企业一样。收入按照合伙协议分配,并在税收方面作为个人所得对待。因此,如同独资企业,合伙企业只是一个将收入引导给合伙人的管道。

PREFERRED STOCK(优先股) 权益型股票,支付具体标明的股息,在分配和清盘时比普通股有优先地位。

PRESENT VALUE(PV,现值) 未来付款以某种年复利率折现后的今天货币价值。

PRICE-EARNINGS MULTIPLE(市盈率倍数) 每股股价除以每股赢利。

PRIVATE PLACEMENT(私募) 出售公司股份给一个或几个私人投资者,而不是公众。

PROFI T-AND-LOSS STATEMENT(P&L,损益表) 见收入表。

PROFIT MARGIN(利润边际) 一个美元中的利润比例。利润边际是税后净利润除以净销售。有时也叫做销售回报。

PRO FORMA FINANCIAL STATEMENT(预计财务报表) 包含假设或预测数据的财务报表(平衡表或收入表)。

PROSPECTUS(招股说明书) 一种正式文件,向潜在投资者充分揭示公司、业务、财务状况以及公司计划使用证券发行资金的办法。

REPLACEMENT VALUE(重置价值) 一种估值方法,估算重新生产资产的成本,而不是更常用的依靠资产的账面价值。

RETAINED EARNINGS(留存收益) 支付公司平衡表上累积股息

后剩余的年度净利润。

REVENUE(收入) 通过向顾客销售产品或服务所取得的资金额。

ROAD SHOW(路演) 公司领导与潜在投资者间的一系列会议，通常在公司发行证券前夕在全国的大城市举办。投资者就公司和计划发行证券提问 CEO 或 CFO(首席财务官)。

S CORPORATION(S 类公司) 在美国是一种紧密持有公司，纳税地位如同合伙企业，但其投资者享有授予公司股东那样的责任保护。换言之，S 类公司是一种传送管道，直接将盈亏输送到股东的个人所得税申报表中，投资者的法律责任仅限于他们的资本贡献额。

SOLE PROPRIETORSHIP(独资企业) 一个人拥有的企业。在美国，对于税收和法律连带责任而言，企业主和企业本身是同一的。独资企业不作为单独实体征税。业主是用个人所得税申报的 C 表报告所有收入及企业的可扣除支出。

SOLVENCY(偿债能力) 账单到期时的支付能力。

STATEMENT OF FINANCIAL POSITION(财务状况表) 见平衡表。

STRATEGY(战略) 将企业与其他企业区别开来，并赋予其竞争优势的一套计划。

TIMES INTEREST EARNED RATIO(利息倍数比) 利税前收益除以利息支出。贷款人用这一比例测算在经营业绩波动情况下一家公司的未来利息支付能力。

VARIABLE COSTS(可变成本) 随产量上升或下降的成本。

VENTURE CAPITALIST(VC,风险资本家) 在创业公司或成长早期公司寻求股权地位的高风险投资者。作为资本回报,风险资本家一般取得企业很大比例的所有权,以及董事会中的一个位置。

WARRANT(买入期权) 一种证券,给予持有人按规定价格在规定期间,购买期权发行公司普通股的权利。规定价格一般高于股票当前估值。

WORKING CAPITAL(流动资本) 见净流动资本。

创业者百宝箱

扩展阅读

扩展阅读

图　　书

Bhidé, Amar, *The Origin and Evolution of New Businesses*. New York: Oxford University Press, 1999.

谁想成为企业家？对这一问题作过仔细研究的作者认为，"创立和建设新企业的企业家更多的是被赞誉，而不是被研究。"毕德是哈佛商学院教授，目前临时在哥伦比亚大学工作。他着手改变这一状况。通过分享他十年对数百个成功新企业的研究成果，结合经典理论，他的这本书启发和丰富读者的思想，无论他们是企业家、学者，还是大公司的经理，只要他们想为他们的项目注入一点企业家精神。毕德的工作消除了人们通常赋予企业家特征的神秘感，精确地揭示了运气、精明的商业技能、勇气和智慧共同作用就能创立成功企业。

Blowers, Stephen, Peter Griffith, and Tomas Milan, *The Ernst & Young Guide to the IPO Value Journey*. New York: John Wiley & Sons, 1999.

这本便携式图书说明了从评价上市的优缺点开始，成为公众公司的全部过程。本书总结了上市前融资，创业者房地产税收问题等不同层面，以及上市所要采取的全部步骤。附录包括书写商业计划的全部细则，选择正确的股票市场，再售限制，以及美国证券交易委员会规章制度概要。本书针对美国读者而写。

Flamholtz, Eric, and Yvonne Randle, *Growing Pains: Transitioning from an Entrepreneuship to a Professionally Managed Firm*. San Framcisco: Jossey-Bass, 2000.

很多创业企业开始时很辉煌，经历满意的成长，但最终失败。相反，另一些企业保持不断的增长，最后在成熟稳固企业中占了一席之地。新创公司如何把握快速增长的挑战呢？作者弗莱姆霍尔茨和兰德尔相信很多企业家没有做好准备以应对成长所需要的个人和组织变化。作者认为，松散非正式的管理方式造就创业者初期的成功，但当业务扩展和员工增加以后这种方式则没有持久力。作者继续说明了组织成长的七个阶段，以及为了保持持久成功每个阶段所必须完成的事情。

Gompers, Paul, and Josh Lerner. *The Money of Invention*. Boston: Harvard Business School Press, 2001.

与大众的见解相反，风险资本革命远未结束。实际上，作者保罗·冈珀斯和乔希·勒纳认为，风险资本将继续极大地改变美国经济的面貌。在本书中他们对这个强大独特的行业做了定义式的分析，并且提出一个有意义的框架以便理解风险资本和创业成功之间的关系。作者提出了可操作的建议,建议针对风险组织经理,创业者,以及所有在鄙视吹嘘,奖励细致独到想法和坚定执行的环境下,从创新中寻求回报的经理人。读者会准确了解风险资本如何推动创新、经济增长和创造新的就业机会。

Roberts, Edward B., *Entrepreneurship in High Techndosy: Lessons from MIT and Beyond*. New York: Oxford University Press, 1991.

这本有趣的书重点讲述麻省理工学院科学和军事实验室所造就的高科技公司的形成和发展。尽管自从本书出版后发生了很大变化,本书仍然从一个很有经验的学者和从业者的视角提供了很多有用的见解。本书作者在美国高科技创业温床之一的场所工作了几十年。特别有趣的章节是关于创业者的个人背景。

Sahlman, William, Howard Stevenson, Michael Roberts, and Amar Bhidé, editors, *The Entrepreneurial Venture*, 2nd edition. Boston: Harvard Business School Prcss, 1999.

这部由著名学者和从业人士精选的文集涉及基本的创业概念和正在出现的问题。内容包括创业企业的每个阶段,从评估机会到收获。来自不同公司和领域的介绍及案例展示了创业者可以想和做的多种有创造性的方法。

Siegal, Eric, Loren Schultz, Brian Ford, and David Carney, *The Ernst & Young Business Plan Guide*. New York: John Wiley & Sons, 1987.

这本高度可读的小书给出了如何书写和开发商业计划的大量建议。其有价值的内容包括一个现实的样本计划，格式与设计指导，以及如何使计划适合特别决策者的诀窍。

Van Osnabrugge, Mark, and Robert J. Robinson, *Angel Investing: Matching Startup Funds with Startup Companies — A Guide for Entrepreneurs, Individual Investors, and Venture Capitalists*. San Francisco: Jossey-Bass, 2000.

渴望与风险资本公司建立联系的创业者可能忽视一个更有前景的权益资本来源。根据本书作者，商业天使每年提供给创业企业的融资是风险资本家的三十到四十倍，而风险资本家却得到了全部的头条报道。在这一基于研究的书中，范·奥斯纳布吕格和鲁宾逊告诉读者在哪里找到这些融资人以及他们的操作方式。根据本书作者的调查发现，美国有大约三百万天使，其在创业企业中的投资额每年超过 600 亿美元。

注释与文章

Sahlman, William A., "How to Write a Great Business Plan." *Harvard Business Review*, July-August 1997.

这篇经典文章的作者是一位在新企业方面有丰富经验的成熟学者。文章介绍金融家在商业计划中寻找什么，探讨创业者在书写商业计划时所犯的错误。根据萨尔曼的观点，多数计划过多地介绍了数字，用于对经验丰富的投资者真正有价值的信息的篇幅太少，这些真正有价值的信息是：经营企业的人员，机会与其经济根源，企业背景，以及风险回报情况。如果你只有时间读一篇书写商业计划的短文，就读这一篇。

Wasserman，Noam，"Venture Capital Negotiations：VC versus Entrepreneur." Class Note 9-800-170. Boston：Harvard Business School Publishing，revised 2 March 2000.

创业者有主意，风险资本家有钱。创业者想保持对其公司的控制，并按长期计划建设企业。风险资本家想介入，然后带着巨额利润迅速退出。因为这些差异，两者间的谈判很困难并不令人惊讶。有很多东西有危险，尤其是对于创业者。这篇哈佛商学院案例笔记介绍双方的利益和目标，并说明谈判如何更有成效。

创业者百宝箱

顾问和作者简介

顾问和作者简介

关于内容顾问

艾尔弗雷德·E.奥斯本(Alfred E. Osborne)博士是加利福尼亚大学洛杉矶分校安德森管理学研究生院(Anderson Graduate School of Management)的资深副院长,以及被高度赞誉的哈罗德创业研究价格中心(Harold Price Center for Entrepreneurial studies)主任。价格中心的作用是在安德森管理学院组织与企业精神研究和新企业开发相关的全体教师研究,学生活动和课程安排。奥斯本博士是多家公众和私人公司的顾问和董事,并且经常就创业和公司管理作谈话和讲座。他是布鲁金斯学会(Brookings Institution)经济政策研究员,还是证券交易委员会的金融经济学家。他在证券交易委员会所做的关于资本市场进入和早期投资者兑现的研究,引起了影响小型和成长型企业的第144条规定以及规章制度的变化。奥斯本教授还是《国际企业家教育杂志》(*International Journal of Entrepreneuship Education*)的编委。他一直活跃于创业和企业发展界之中,并为小型成长企业作商业经济问题咨询。他获得过恩斯特和扬年度企业家奖，理查德·J. 雷奥丹(Riordan)企业家精神奖，并且由于他对南加利福尼亚州的创业支持，获得了布里奇盖特 20 奖(BridgeGate 20 Award)。

关 于 作 者

理查德·吕克(Richard Luecke)是哈佛商务指南系列中几本书的作者。他住在马萨诸塞州的塞勒姆(Salem)，撰写或开发出了三十多本书以及几十篇文章，内容涉及广阔的商业领域。他拥有圣·托马斯大学(the University of St. Thomas)工商管理硕士学位。